# POJAN SYDÄN

## LÖYTÖRETKI ISÄN RAKKAUTEEN

M. JAMES JORDAN

FATHERHEART
MINISTRIES
www.fatherheart.net

Fatherheart Media
www.fatherheart.net

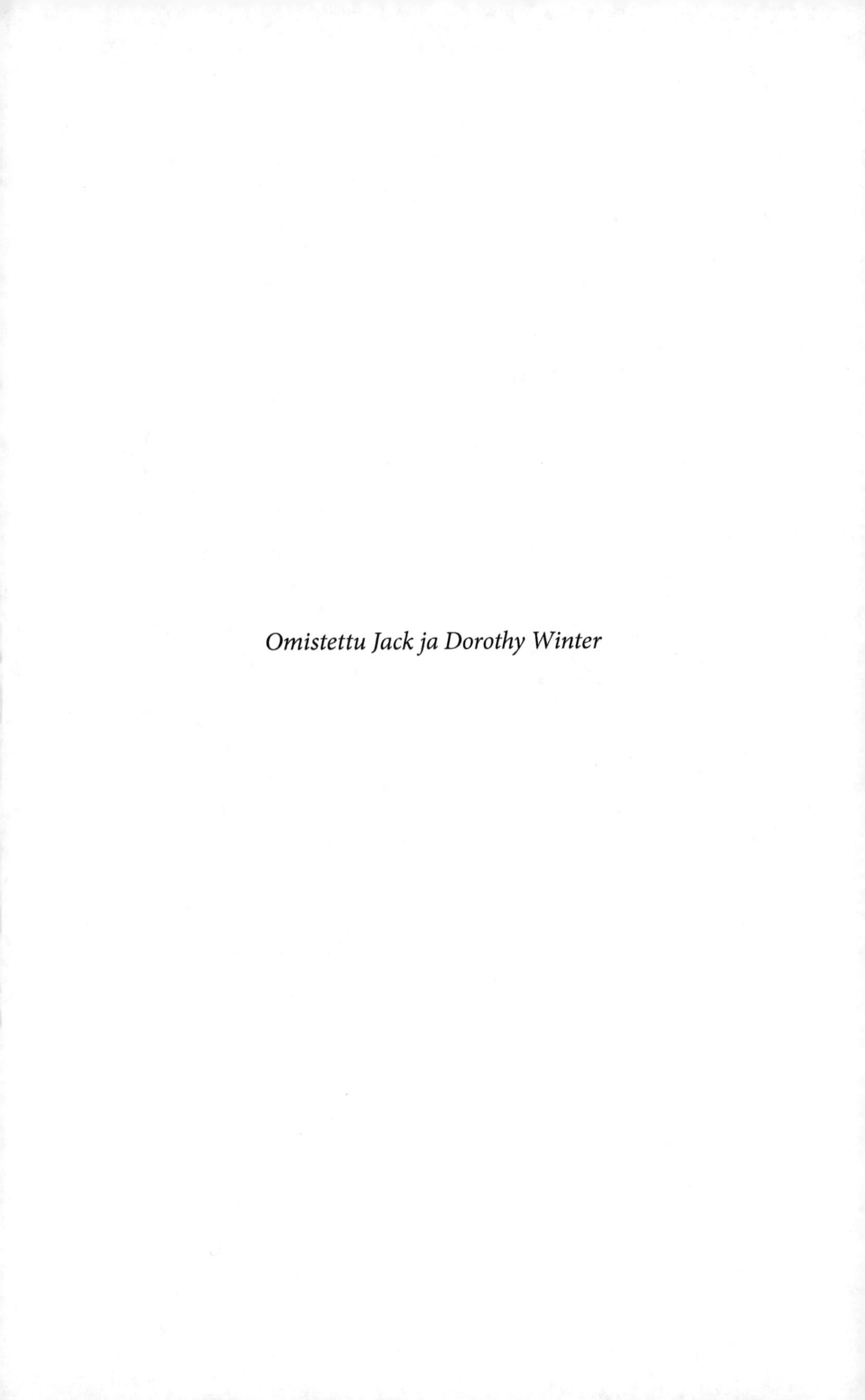

*Omistettu Jack ja Dorothy Winter*

# SISÄLLYS

# KIITOKSET

En voi liiaksi korostaa Jack Winterin vaikutusta elämääni. Ollessani nuorena uskovana raamattukoulussa Herra sanoi minulle selkeästi, että hän haluaa minun olevan "Joosua" tälle miehelle. Seuraavien 25 vuoden aikana Denise ja minä olimme ensin hänen opetuslapsiaan, ja sitten minusta tuli hänen hengellinen poikansa ja Denisestä hänen hengellinen tyttärensä. Joosua omaksui kaiken, mitä Herra oli puhunut Moosekselle, ja samalla tavoin minäkin tahdoin omaksua kaiken, mitä Herra oli uskonut Jackille. Ennen kuolemaansa Jack laittoi kätensä päälleni ja rukoili, että hänen voitelunsa viitta siirtyisi minulle. Aivan kuten Joosua teki Mooseksen kuoleman jälkeen, minäkin tahdon jatkaa siitä, mihin Jack jäi, päästäkseni virran yli luvattuun maahan.

Haluan lausua lämpimät kiitokseni John ja Sandy Randersonille, Jan ja Sandra Rijnbeekille, vaimolleni Deniselle ja lapsilleni sekä Jack Winterille (jälleen) ja muutamille muille, jotka ovat uskoneet minuun, tukeneet minua ja kantaneet minua silloin kun en ole jaksanut seistä omin voimin.

Haluan kiittää Stephen Hilliä tuntikausien työstä, jota ilman tämä kirja ei olisi syntynyt. Kiitokset myös Wilson ja Erica Szelle rohkaisusta ja määrätietoisuudesta tässä kirjahankkeessa.

Haluan kiittää *Fatherheart Ministries Internationalin* väkeä kumppanuudesta ja rohkaisusta matkan varrella, kun olemme yhdessä olleet löytöretkellä Isän rakkauteen.

Lopuksi: en kerta kaikkiaan pysty löytämään sanoja — mikäli sellaisia onkaan — joilla voisin kyllin kiittää Jumalaamme ja Isäämme hänen ihmeellisestä suunnitelmastaan ja hänen kyvystään toteuttaa suunnitelmansa elämässäni. Hän on ollut kanssani jo ennen kuin tulin uskoon, ja uskoon tultuani hän on ollut uskollinen; onnistumiseni ja epäonnistumiseni eivät ole vaikuttaneet häneen millään tavoin. Hän vain rakastaa minua.

# ESIPUHE

Vuonna 1977 Jack Winter sai nähdä jotakin tuon ajan kristillisyyden lukuisten virtausten keskellä. Se oli kuin puhtaan valon leimahdus. Hän näki suoraan Isä Jumalan sydämeen. Sen seuraukset ovat heijastuneet näihin päiviin asti kaikkialle kristikuntaan.

Jack ja Dorothy Winterin elämä oli ollut siihen asti ihmeellistä seikkailua. Täynnä Pyhää Henkeä ja uskoa he olivat jättäneet taakseen maailman huolineen ja kulkeneet kohti tuntematonta, omistautuen harvinaislaatuisella tavalla Jumalan Hengelle ja sanalle. Ennen pitkää sadat muut ympäri maailman liittyivät mukaan heidän työhönsä, jota kutsuttiin nimellä *Daystar Ministries*. Juuri tämän yhteisön muodostamassa verkostossa Jack löysi pääsyn Isän sydämeen.

Loput 25 vuotta elämästään Jack eli pyhittäen rikkaan sisäisen elämänsä ja syvällisen kokemuksensa suomat poikkeukselliset voimavarat yksinomaan Jumalan rakkauden välittämiseen. Hän oli huomannut, että tämä rakkaus on itse asiassa käsinkosketeltavaa todellisuutta, jota voidaan välittää toisille ja joka voi parantaa särkyneitä sydämiä. Matkustaessaan ristiin rastiin maapallolla hän kulki lentäen yli puolitoista miljoonaa kilometriä. Hän vietti päivänsä aamusta iltamyöhäiseen pitäen useita tuhansia ihmisiä sylissään ja sai nähdä ihmeellisiä parantumisia. Minä olen yksi näistä ihmisistä. Jack oli kokenut todeksi Jumalan isänrakkauden, johon koko Uuden testamentin ilmoitus huipentuu.

Tämä kirja kertoo omasta henkilökohtaisesta matkastani tuota valoa kohti. Jack oli minulle hengellinen isä, ja ennen kuolemaansa elokuussa 2002 hän laittoi kätensä päälleni, jotta saisin vastaanottaa hänen viittansa. Se häikäisevä ilmestys Isän rakkaudesta, jonka hän sai, oli kuitenkin vasta osittainen. On aina olemassa vielä enemmän. Kerron nyt löytämästäni tiestä Isän luokse. Hänen rakkautensa virratessa sydämeeni en ole ainoastaan kristitty vaan alan elää Jumalan poikana. Tämä on osoittautunut vasta ensi askeleeksi. On jännittävää tietää, että on olemassa enemmän.

*M. James Jordan*
Taupo 2012

# LUKU 1

# Isän Ilmestyminen

~

Viidentoista viime vuoden aikana olen matkustanut maapallon ympäri yli kolmekymmentäviisi kertaa ja puhunut lukuisissa konferensseissa ja seurakunnissa Isän ilmestyksestä. Usein minusta tuntuu siltä, että Herra vie minua ympäri maailmaa vain siksi, että kertoisin ihmisille, mitä elämässäni on tapahtunut. Joku on joskus sanonut minulle: "James, taidat ajatella, että Isän rakkaus on vastaus kaikkiin ihmiskunnan ongelmiin." Uskonko todella niin? Kyllä, koko sydämestäni.

Mitä pitemmälle kuljen tässä Isän rakkauden ilmestyksessä, sitä paremmin ymmärrän, että kristillisyydessä tarvitaan täysremonttia. Kristillisyytemme on keskittynyt aivan liikaa siihen, mitä meidän pitää tehdä, eikä siihen, kuka Jumala on ja mitä hän on tehnyt! Moni meistä kantaa taakkoja sen vuoksi, että evankeliumi on esitetty väärällä tavalla. Meille on sanottu, mitä meidän pitää tehdä, eikä sitä, mitä Jumala on omasta aloitteestaan jo tehnyt. Meille on sanottu, että olemme saaneet siunauksia ollaksemme siunaukseksi muille. Yksinkertainen totuus on kuitenkin se, että olemme saaneet siunauksia, koska Jumala rakastaa meitä ja haluaa siunata meitä. Meille on esitetty evankeliumi, joka kehottaa meitä tekemään työtä Jumalalle — mutta voin vakuuttaa, että tämä johtaa lopulta henkiseen romahdukseen ja loppuunpalamiseen. Yhä useammat kristityt jättäytyvät syrjään tämän tyyppisestä kristillisyydestä ja astuvat pois oravanpyörästä, jossa yritetään jatkuvasti miellyttää Jumalaa ja tehdä työtä hänelle.

Kristinusko on yksinkertaisesti tätä: Jumala rakastaa sinua ja haluaa sinun kokevan jatkuvasti hänen rakkauttaan. Tässä on koko kristinuskon tarkoitus. Tämän tajuaminen antaa meille levon, tyytyväisyyden ja sisäisen rauhan, joka on niin tarttuvaa, että jo pelkkä olemuksemme vaikuttaa muihin ihmisiin. Kristillisyydessä on tapahtumassa uudistus, peruskorjaus ja ennalleen asettaminen, joka on uskoakseni yhtä merkittävä kuin uskonpuhdistus aikanaan.

## JEESUKSEN TUNTEMINEN EI OLE SAMA ASIA KUIN ISÄN TUNTEMINEN

Vuosien kuluessa olen saanut kristillisyydestä sen vaikutelman, että kaikki keskittyy Jeesuksen ympärille. Isä mainitaan vain ohimennen. Isä näyttää todellakin olevan taka-alalla verrattuna Jeesukseen. Uskon sen johtuvan siitä, että kohdistamme huomiomme niin suuressa määrin Jeesuksen persoonaan. Luulemme, että jos tunnemme Jeesuksen ja olemme saaneet kokemuksen hänestä, tunnemme automaattisesti myös Isän. Johannes 14:9 on yksi niistä jakeista, joista tämä harhakäsitys on saatu. Siinä Jeesus sanoo: "Joka on nähnyt minut, on nähnyt Isän." Meidän on kuitenkin muistettava, että Jeesus *ei* ole Isä *eikä* Isä ole Jeesus. Jeesus *ei* siis sanonut: "Minä olen Isä." Hän ei ole koskaan sanonut, että hänen tuntemisensa tarkoittaa sitä, että tunnemme Isän. Hän sanoi, että Isä oli hänessä ja teki kaikki teot. Hän puhui sanoja, joita Isä käski hänen puhua. Hän sanoi: "Teen vain sitä, mitä näen Isäni tekevän", mutta hän *ei* sanonut: "Minä *olen* Isä."

Kaiken, mitä opetamme, tulee perustua Raamattuun. Jos saamme ilmestyksen, joka ei perustu Raamatun sanaan, se ei ole tullut Jumalalta. On kuitenkin sanottava, että Raamatun mukainen vaellus ei välttämättä ole sama asia kuin vaeltaminen Jumalan kanssa. Jos vaellat Jumalan kanssa, vaellat *automaattisesti* Raamatun sanan mukaan. Vaellamme Hengessä, emme Sanassa, mutta Henki ei koskaan johdata meitä mihinkään sellaiseen, mitä Sana ei vahvista. Opetuslapset eivät olleet ikinä lukeneet Uutta testamenttia. He kirjoittivat sen! Mikä oli heidän lähdeaineistonsa? He vaelsivat Hengessä, ja Henki antoi heille heidän kirjoittamansa sanat.

Luin kerran jotakin, mitä Andrew Murray on kirjoittanut, ja se vaikutti minuun suuresti. Se liittyy myös siihen, miksi olen kirjoittanut tämän kirjan. Hän kirjoittaa: *Mitä Isän rakkaus merkitsi Jeesukselle, sitä se on myös meille.* Suuri puutteemme kristittyinä on se, että silloinkin kun luotamme Kristukseen, jätämme Isän ulkopuolelle. Kuitenkin *Kristus tuli tuomaan meidät Isä Jumalan luokse.* Juuri tämä oli syy siihen, miksi hän tuli: hän tuli tuomaan meidät Isä Jumalan luo.

Andrew Murray jatkaa: *Hänen elämänsä riippuvaisena Isästä oli elämää Isän rakkaudessa.* Rakastan tätä lausetta! Jeesus kykeni luottamaan Isään, koska tiesi Isän rakastavan häntä täydellisesti. Hän saattoi luottaa tuohon rakkauteen. Tapahtuipa hänelle mitä hyvänsä, hän oli kaikessa täysin riippuvainen Isästä. Sitten tulee lause, jota rakastan eniten: *Mitä Isän rakkaus merkitsi Jeesukselle, sitä se on myös meille.* Mitä Isän rakkaus merkitsi Jeesukselle? Kuinka tärkeä Isän rakkaus oli Jeesukselle? On pakko sanoa, että se merkitsi kaikkea! Hän iloitsi noudattaessaan Isän tahtoa. Hän eli tietäen ja kokien, että Isä rakastaa häntä. Hän nojautui Isän rintaa vasten ja elää ikuisesti Isän sydämessä. Siinä oli hänen paikkansa.

Uskon, että saamme nähdä ilmestyksen pyyhkäisevän ympäri maailmaa kuin valtameren hyökyaallon, joka nousee rannoille tsunamin lailla. On Isän ennalleen asettamisen aika kristillisyydessä.

Derek Prince on todennut seuraavaa kommentoidessaan Johanneksen evankeliumin 14. luvun jaetta 6 (jossa Jeesus sanoo: *Minä olen tie, totuus ja elämä. Ei kukaan pääse Isän luo muuten kuin minun kauttani.*): *Tässä jakeessa puhutaan tiestä ja määränpäästä. Jeesus on tie, Isä on määränpää.* Sitten hän huomauttaa: *Useimmilla nykyajan seurakunnilla on se ongelma, että olemme juuttuneet tielle!* Olemme juuttuneet tielle! Olemme tulleet Jeesuksen luo, mutta emme ole jatkaneet eteenpäin, läheiseen yhteyteen Isän kanssa. Yksi syy tähän on se, että monilla meistä ei ole ollut läheistä suhdetta omaan isäänsä, ja kun sitten luemme tällaisia jakeita, emme yksinkertaisesti näe asiaa. Tulkitsemme teologiaamme siten, että kaikessa on kyse Jeesuksesta. Uskon kuitenkin, että Jeesus itse sanoisi: "Ei ole kyse minusta. Kaikessa on kyse Isästäni."

On käsillä aika, jolloin kristillisyytemme perusta on muuttumassa niin sanoakseni kaksijalkaisesta jakkarasta kolmijalkaiseksi. Olemme saaneet ilmestyksen Jeesuksesta ja ilmestyksen Pyhästä Hengestä ja perustaneet kristillisyytemme näiden kahden todellisuuden varaan, sillä ilmestys *on* todellisuutta sydämessämme. Nyt sen sijaan Jumala on antamassa meille ilmestystä itsestään Isänä, ja koska Jumala on rakkaus, on kyse rakkauden kokemisesta. Se perustuu siihen, että Isän henkilökohtainen ja intiimi rakkaus tulvii sydämiimme. Joillekuille se tulee voimakkaana ryöppynä, toisille se taas tippuu pisara pisaralta. Ei ole oikeastaan väliä, miten se tulee, kunhan se vain tulee. Itse asiassa ilmestys tulee usein samalla tavoin kuin uusi päivä: se valkenee asteittain.

Lähtökohdaksi sille, mitä Isän on tarkoitus olla kristityn elämässä, haluan lainata Augustinuksen sanoja: *Raamattu ei puhu mistään muusta kuin Jumalan rakkaudesta. Tämä on se viesti, joka tukee ja selittää kaikkia muita viestejä.* Mikä tahansa kristinuskoon liittyvä aihe, joka suinkin voi tulla mieleesi, on ilmaus Isän rakkaudesta. Kristinuskossa todella *kaikki* asiat liittyvät Isän rakkauteen. Sellainen kristinusko, jossa ei ymmärretä ja koeta Isän rakkautta, on vailla pohjaa.

Käsityksemme siitä, mitä merkitsee olla kristitty, on pahasti vinoutunut, jos Isän rakkaus ei ole meillä perustana. Jeesuksen ristikin on osoitus Isän rakkaudesta. Isän rakkaus ei alkanut vasta ristillä. Jumala rakasti maailmaa niin paljon, että antoi ainoan Poikansa. Siinä mielessä Jeesuksen kuolema ristillä oli voimakkain viesti Jumalan rakkaudesta meitä kohtaan. Se osoittaa, millainen Jumalan rakkaus todella on. Isän rakkaus on kristinuskon ydinasia, ja risti raivaa pois tieltä kaiken sen, mikä on tullut meidän ja tuon rakkauden väliin, niin että voimme tulla rohkeasti armon valtaistuimen eteen. Voimme kiivetä suoraan hänen polvelleen ja tuntea, että hän on Isämme. Kristillisyytemme on kovin vääristynyttä, ellemme ymmärrä, että Isän rakkaus on se ilmestys, joka tukee ja selittää kaikkia muita viestejä.

Augustinus jatkaa: *Jos Raamatun sanoma voitaisiin tiivistää yhteen sanaan, niin että siitä tulisi yksi ainoa ääni — tämä ääni huutaisi voimallisemmin kuin meren pauhina: "Isä rakastaa sinua!"*

Emme tiedä, mitä emme tiedä! Emme tiedä, ettemme tunne Isää. Tunnemme kyllä opinkappaleet ja osaamme jopa opettaa ihmisille Jumalan tuntemisesta Isänä, vaikka emme tunne häntä henkilökohtaisesti Isänämme. Ilmestys muuttaa näkökulmaamme siinä määrin, että alamme automaattisesti, asiaa tarkemmin ajattelematta, kutsua Jumalaa Isäksi! Voimme tuntea raamatunkohtia Isästä ja luulla, että raamatunkohtien tunteminen on sama asia kuin Isän tunteminen. Emme tiedä, ettemme tiedä!

Yksi iso ongelma aikamme kristillisyydessä on uskomus, että jos tiedämme, mitä Raamattu sanoo, meillä on automaattisesti se, mistä siinä puhutaan. Tämä on vakava väärinkäsitys. Opettaessani törmään useasti tähän harhaluuloon. Se voi olla erityinen ongelma niille, jotka minun laillani ovat akateemisesti suuntautuneita. Monen vuoden ajan luulin, että Raamatun sanan tunteminen merkitsee samaa kuin että omistaa sen asian, josta siinä puhutaan. Se johti minut täysin väärään uskomukseen jumalasuhteessani, joka järkkyi perin juurin epäonnistuttuani omassa elämässäni. Tämän tapahduttua huomasin yhtäkkiä, että mikään omistamani tieto ei ollut muuttanut minua tippaakaan! Huusin Jumalaan puoleen saadakseni jotakin, mikä muuttaisi minut.

Elämme nyt aikaa, jolloin Jumala ilmoittaa itsensä Isänä tavalla, jollaista ei ole koettu sitten apostolien päivien. Riippumatta siitä, mitä olet aikaisemmin tiennyt tai kokenut, Isän rakkaus on nyt saatavilla ennennäkemättömällä tavalla. Jos voimme avata sydämemme, hän voi muuttaa kokemuksemme kristillisyydestä paljon suuremmaksi. Kristinusko alkaa todellakin siitä, että koemme sen, minkä Jeesuksen kuolema ristillä on tehnyt mahdolliseksi: otamme vastaan Isän rakkauden.

Kerron nyt oman tarinani siitä, kuinka pääsin sisään tähän ilmestykseen. Kun Denise ja minä tulimme uskoon vuonna 1972, tulimme kaiken sellaisen ulkopuolelta, mikä vähänkin viittasi kristillisyyteen. Meillä ei ollut minkäänlaista aiempaa kosketusta kristinuskoon. Lähin rakennus lapsuudenkotini vieressä oli pieni kirkko kukkulan laella, ja näin aina ihmisten menevän sinne. Jotkut heistä olivat koulutovereitani, mutta minulla ei ollut aavistustakaan siitä, miksi he halusivat viettää kauniin sunnuntaiaamupäivän kirkossa. En ymmärtänyt sitä ollenkaan. En ollut koskaan kuullutkaan sanaa "uudestisyntyminen".

Ollessani melkein 22-vuotias annoin elämäni Herralle. Pelastuskokemus sai aikaan valtavan muutoksen elämässäni, koska olin poikavuosista lähtien ollut hyvin yksinäinen nuori mies. Asuimme pienessä maaseutukaupungissa, ja useimmiten minulla ei ollut yhtäkään leikkitoveria. Lähimmät samanikäiset pojat asuivat ainakin viiden kilometrin päässä. Niinpä koulutuntien jälkeen ja useimpina viikonloppuina vaeltelin yksinäni niityillä ja pelloilla talomme takana. Usein koulun jälkeen kuljeskelin läheisillä kukkuloilla pimeäntuloon asti. Sitten palasin kotiin viljelysmaiden läpi, peltoteiden poikki, kiipeillen aitojen ja veräjien yli. Tunsin kaikki paikat todella hyvin, mutta olin hyvin yksinäinen.

Kun Jeesus sitten tuli elämääni, äärimmäiseen yksinäisyyteeni, se vaikutti minuun suunnattomasti. Yhtäkkiä sydämeeni tuli tämä henkilö, joka rakasti minua, ja sen vuoksi rakastuin Jeesukseen. Pelastuskokemukseni oli täynnä huikeaa, hehkuvaa väriloistoa. Taivas ei ollut koskaan ollut niin heleän sininen eikä ruoho niin kirkkaan vihreä.

## Synnyimme herätyksen keskelle

Uskoon tultuamme Denise ja minä aloimme käydä seurakunnassa, jossa oli herätys. Sanaa "herätys" voidaan varsinkin Amerikassa käyttää merkityksessä 'herätyskampanja' tarkoittamaan evankeliointikokousten sarjaa. Mutta herätys sellaisena kuin minä sen ymmärrän tarkoittaa Jumalan läsnäolon ja voiman ilmenemistä niin voimakkaasti, että ihmiset voivat kokea sen hyvin konkreettisesti. Kun herätys tulee, sillä on aina merkittävä vaikutus kokemukseemme kristillisyydestä. Todellinen herätys on Jumalan läsnäolon ilmestymistä äärimmäisen voimallisena. Se on hänen läsnäolonsa häkellyttävä purkaus tietyssä paikassa.

Siinä seurakunnassa tapahtui hämmästyttäviä asioita tuon herätyksen aikana. Eräs nuori nainen halusi oppia soittamaan pianoa voidakseen säestää ylistyksessä, mutta hän ei ollut koskaan ottanut soittotunteja. Kerran hän istahti pianon ääreen, ja eräs diakoni rukoili hänen puolestaan. Välittömästi hän pystyi soittamaan missä tahansa sävellajissa. Hän osasi soittaa pianoa vain säestäessään ylistyslauluja. Noin kuusitoista vuotta myöhemmin hän alkoi ottaa soittotunteja saadakseen selville, mitä hän oli tehnyt kaikkina noina vuosina.

Toisinaan näimme Jeesuksen kulkevan pitkin kirkon käytäviä ja laittavan kätensä ihmisten päälle kulkiessaan heidän ohitseen. Monet saivat kokouksissa yhteisiä näkyjä: he näkivät samanaikaisesti täsmälleen saman asian. Joku vanhimmistosta toivotti kävijät tervetulleiksi ja kutsui Pyhää Henkeä tulemaan, ja sitten vain menimme mukaan siihen, mitä tapahtui. Noin viiden vuoden ajan kokouksissa ei tarvittu pastoria tai johtajaa, koska Pyhä Henki oli niin voimakkaasti läsnä. Se oli hyvin erityistä aikaa. Se herätti minussa nälän saada kokea herätystä jatkuvasti, ja siitä lähtien olen odottanut ja toivonut, että se tapahtuisi jälleen. Emme kuitenkaan voi saada sitä aikaan itse. Se on kokonaan hänen tekoaan.

Muistellessani tuota aikaa tajuan jotakin. Jumalan Hengen ilmestyessä niin voimakkaasti oletin erheellisesti, että hän kunnioitti seurakuntaamme läsnäolollaan siksi, että opetuksemme oli täysin oikeaa. Monet ovat historian kuluessa päätyneet ja päätyvät vielä tänäkin päivänä ympäri maailmaa samaan virheelliseen olettamukseen. Oletamme, että jos tulkitsemme ja sovellamme Raamatun sanaa täsmälleen oikein, hän kunnioittaa sitä olemalla näkyvästi läsnä. Se ei kuitenkaan ole totta! Juuri tuo olettamus on syynä moneen eripuraan kristikunnassa. Hän ei tule siksi, että opetus olisi oikeaa, vaan itse asiassa hänen tulemisensa *korjaa* opetuksen. Sanaa voidaan todella ymmärtää vain hänen läsnäolossaan. Raamattu on kirjoitettu herätyksessä. Jokainen Raamatun kirjoittaja eli henkilökohtaisesti herätyksessä. Raamatussa kirjoitetaan herätyksestä, ja sitä voidaan ymmärtää vain herätyksessä.

Koimme hänen läsnäolonsa valtavana sunnuntai sunnuntailta, vuodesta toiseen, ja ihmisiä tuli paikalle eri puolilta maailmaa. Ennen pitkää vanhimmisto päätti järjestää konferenssin. Kaupungin ainoa paikka, jonne tällainen väkimäärä mahtui, oli paikallinen ravirata. Siellä oli iso pääkatsomo, ja monet tulivat sinne kuulemaan maailman silloisia parhaita puhujia. Meille oli valtava siunaus tutustua näiden kansainvälisten puhujien palvelutyöhön ja kokea voitelu, joka näissä kokouksissa oli. Mutta koska oletin, että Jumala vuodatti siunauksiaan siksi, että opetus oli oikeaa, omaksuin täysin kaiken sen, mitä saarnattiin ja opetettiin. Mieleeni ei koskaan juolahtanut epäillä, olisiko se voinut olla jotakin muuta kuin ehdoton totuus.

Muistan erityisesti erään konferenssipuhujan, jonka saarna teki minuun suuren vaikutuksen. Hyväksyin sen täysin, ilman minkäänlaisia epäilyksiä. Hän saarnasi tekstistä, jossa Jeesus vei Pietarin, Jaakobin ja Johanneksen kirkastusvuorelle. Hän puhui siitä, kuinka Jeesus kirkastettiin, kuinka hänen ulkomuotonsa muuttui ja hän loisti Jumalan kirkkautta, ja he näkivät (ainakin jossakin määrin) hänen ilmestyvän sellaisena kuin hän oli ollut iankaikkisuudessa. Samassa heille ilmestyivät myös Mooses ja Elia. Isä puhui pilvestä: *Tämä on minun rakas Poikani. Kuulkaa häntä!* Silloin kolme opetuslasta vaipuivat tiedottomina maahan. Jonkin ajan kuluttua he nostivat katseensa eivätkä nähneet ketään muuta kuin *Jeesuksen yksin.* Mooses ja Elia olivat poissa, ja Jeesus oli nyt samanlainen kuin ennenkin.

## YKSIN JEESUS

Puhujan tärkein viesti voitaisiin tiivistää noihin kahteen sanaan: "Jeesus yksin". Hän sanoi: "Meidän tulee katsoa Jeesukseen, yksin Jeesukseen. Hän on meidän uskomme perustaja ja täydelliseksi tekijä, alfa ja omega, alku ja loppu. Hän on taivaankannen alla ainoa nimi, jossa voimme pelastua. Hän on ruumiinsa, seurakunnan, pää. Hän on ylkä. Hän on kaikki, ja hänen nimensä on korkein." Kaikessa oli kyse Jeesuksesta, yksin Jeesuksesta!

Hänen saarnatessaan kaikki minussa sanoi "aamen", koska Jeesus oli pelastanut minut ja minulla oli ollut hyvin voimakas pelastuskokemus. Jeesus oli kaikkeni. Aina rukoillessani osoitin sanani "Herralleni Jeesukselle". Jeesus oli kaikki. Ylistys oli vain Jeesukselle. Laulut, joita lauloimme, olivat vain Jeesuksesta. Joskus oli mukana säe Pyhästä Hengestä tai Isästä, mutta muuten kaikki oli keskittynyt Jeesukseen. Luulin, että siihen koko kristinusko keskittyy.

## "OLETKO OTTANUT VASTAAN *ISÄN* RAKKAUDEN?"

Joitakin vuosia myöhemmin menin raamattukouluun. Mies nimeltä Jack Winter tuli Uuteen-Seelantiin ja opetti raamattukoulun järjestämässä konferenssissa. Jack puhui Isästä, ja siihen aikaan hän alkoi saada enemmän ilmestystä Isästä. Emme olleet koskaan tavanneet ketään, jolla olisi ollut sellainen Jumalan voitelu kuin Jackilla. Olimme olleet tekemisissä monien hienojen Jumalan palvelijoiden kanssa, mutta omalta osaltani voin sanoa, että Jack Winterin puhuessa tuntui siltä kuin olisin kuunnellut Jeesusta. Se ylitti kaiken sen, mitä olin aiemmin kuullut.

Jackilla oli tapana sanoa hienosti: "Monet saarnaavat evankeliumia, mutta *me annamme mahdollisuuden elää sitä.*" Se oli valtava väite. Ne, jotka halusivat mennä mukaan Jackin palvelutyöhön, myivät kaiken omaisuutensa, antoivat sen köyhille tai apostolien haltuun ja seurasivat kristittyjen joukkoa, jota kutsuttiin siihen aikaan nimellä *Daystar Ministries.* Se oli puhtain uskon liike, mitä olen nähnyt. Oli aikoja, jolloin työkeskuksen kahdellasadalla hengellä ei ollut mitään ruokaa seuraavaa ateriaa varten, ja silloin vain rukoiltiin. Voimme aina rukoilla asioiden puolesta, mutta kun tarvitaan ruokaa pöydälle kahden tunnin kuluessa, rukouksen todellisuus nousee aivan eri tasolle.

Se ilmestys Isästä, jota Jack oli alkanut saada Uuden-Seelannin-konferenssissa, oli nyt täydessä kukoistuksessa. Hän oli alkanut ymmärtää, että jos ihmiset saavat kokea Isän rakkautta, he voivat ottaa vastaan tunne-elämän parantumisen. Se oli jännittävää aikaa. Suunnilleen neljäsataa perhettä halusi mennä mukaan hänen palvelutyöhönsä sinä vuonna. Eri puolilla Yhdysvaltoja oli yhteensä kaksitoista työkeskusta ja niissä kuusisataa kokopäiväistä työntekijää. Silti Jackin työpöytänä oli vain pieni pöytä vuoteen vieressä. Hän ei harrastanut mitään suurellista.

Saapuessamme sinne kaikki olivat todella innoissaan Isän rakkauden ilmestyksestä ja alkoivat kysellä minulta: "Oletko sinä ottanut vastaan Isän rakkauden?" Olin hyvin loukkaantunut moisesta! Olin 28-vuotias ja tunsin, että pysyisimme koko lopun elämäämme mukana Jackin työssä. Olin tullut suoraan Uuden-Seelannin pensaikosta, jota useimmat kuvailisivat viidakoksi. Noin tuhannen metrin korkeudessa vuorenrinteiden pensaikko muuttuu mättäiköksi, joka näyttää kullanväriseltä ruohomereltä. Nämä kukkulat ovat kauniita paikkoja asua ja elää. Olin elänyt tällaista ulkoilmaelämää; olin hyväkuntoinen ja vahva nuori mies. Olin tottunut elämään vuorilla, nukkumaan taivasalla, pilkkomaan nuotiopuita ja keittämään ruokani nuotiolla. Olin karaistunut elämään tällä tavoin. Ja nyt minulta kysyttiin: "Oletko ottanut vastaan Isän rakkauden?"

Mielessäni vastasin kysymykseen vihaisena: "Kuulkaahan, olen täyttynyt Pyhällä Hengellä. Olen jo perustanut yhden seurakunnankin. Olen käynyt raamattukoulun. Osaan profetoida, ajaa ulos riivaajia, parantaa sairaita ja saarnata evankeliumia kaduilla. Olen demonien tuhoaja. Olen Jumalan mies! Jumala on kutsunut minut profeetaksi, moniteräiseksi raastavaksi puimavälineeksi, joka erottaa sielun ja hengen. Sanani saavat ihmiset polvilleen! Saarnaamiseni erottaa syntisen vanhurskaasta ja puhuttelee monia ihmisiä! Olen kutsuttu olemaan profeetta. En harrasta tällaista 'rakkauslöpinää'. Mitä oikein tarkoitatte kysyessänne, *olenko täyttynyt Isän rakkaudella?*"

## VALON PILKAHDUKSIA

Oltuamme siellä muutamia kuukausia mieleeni tuli aivan yllättäen eräs ajatus. Muistin, että ollessani nelivuotias äitini (joka oli varmaankin saanut jonkinlaisen kosketuksen Herralta siihen aikaan) vei lyhyen ajanjakson ajan veljeni, sisareni ja minut iltaisin makuuhuoneeseensa. Siellä polvistuimme pienen lipaston ääreen, jonka päälle hän oli laittanut ristin ja kynttilän. Äiti sytytti kynttilän ja opetti meille Isä meidän -rukouksen. Myöhempinä vuosina muut eivät enää muistaneet sitä, mutta minä muistin sen oikein hyvin, koska siitä lähtien rukoilin Isä meidän -rukouksen joka ilta mennessäni nukkumaan. Suljin silmäni ja sitten rukoilin sen mielessäni. Lopuksi rukoilin aina: "Jumala, siunaa äitiä ja isää, veljeäni Bobia ja siskoani Sylviaa, ja Herra, kun kasvan isoksi, anna minun olla terve ja saada onnellinen perhe ja hyvä työ." Rukoilin näin joka ilta. Joinakin iltoina se jäi, joten seuraavana iltana rukoilin sen kaksi kertaa! En yhtenäkään iltana jättänyt sitä väliin.

Ensimmäisinä Daystarin-kuukausina Herra muistutti minua siitä, että opettaessaan opetuslapsia rukoilemaan Jeesus kehotti heitä sanomaan "Isä meidän". Tajusin, että olin rukoillut näin nelivuotiaasta lähtien aina neljän–viidentoista ikäiseksi asti! Jeesus opetti opetuslapsiaan puhumaan *Isälleen*. Ymmärsin nyt, että Jeesus ohjasi opetuslapsia aivan alusta lähtien olemaan suoraan yhteydessä Isään, ei pelkästään *häneen*. Tämä aiheutti ensimmäisen särön kuulemaani "Jeesus yksin" -sanomaan. Aloin tajuta, ettei kristinuskossa ole kyse pelkästään Jeesuksesta.

Kun ihmiset kysyivät minulta, olenko ottanut vastaan Isän rakkauden, minun kysymykseni oli: "Miksi puhutte Isästä? Kaikessa on kysymys Jeesuksesta! Ainoastaan hänen nimessään voimme pelastua. Hän on kaiken Herra. Hän on kuninkaiden Kuningas. Hän on Pelastajamme, hän on kuollut ristillä." En tajunnut, että myös Isä kuoli ristillä hyvin todellisella tavalla. Toistin vain jatkuvasti: "Kaikessa on kysymys Jeesuksesta!"

Minusta tuntui, että suhde Isään olisi merkinnyt uskottomuutta Jeesukselle. Ajattelin mielessäni: "Kuinka voisin olla yhteydessä Isään ja kääntää selkäni Jeesukselle kaiken sen jälkeen, mitä hän on tehnyt puolestani?" Kamppailin asian kanssa. Tietenkään asia ei ole näin, mutta niin minä tunsin. Muisto Isä meidän -rukouksesta oli ensimmäinen halkeama puolustusmekanismissani. Jeesus todella kehotti opetuslapsiaan puhumaan Isälle. Hän sanoi:

*Kun sinä rukoilet, mene sisälle huoneeseesi, sulje ovi ja rukoile sitten Isääsi* (Matt. 6:6).

Yhtäkkiä ajattelin: "Ai, tässähän *on* jotakin Isästä." Suora yhteys Isään oli aivan perusteltua. Aloin päästä eteenpäin.

### ISÄN PALVOMINEN

Muutamaa kuukautta myöhemmin ilmestyi toinen särö. Muistin, kuinka joitakin vuosia aikaisemmin ollessani raamattukoulussa meillä oli amerikkalainen luennoitsija, joka oli tuonut mukanaan koko perheensä. Hän oli koulussa kaikkiaan yksitoista vuotta ja opetti Johanneksen evankeliumista. Toisinaan lähtiessämme luokasta hänen opetuksensa jälkeen emme vain kävelleet vaan suorastaan liihottelimme ulos! Hänen syvä rakkautensa ja kunnioituksensa Jumalaa kohtaan välittyi meille hänen opettaessaan, mikä oli valtava siunaus. Hän johdatti meitä Johanneksen evankeliumin läpi jae jakeelta kokonaisen vuoden ajan. Vuoden lopussa hän pyysi anteeksi, että olimme päässeet vasta lukuun 16! Se oli ihmeellinen vuosi, jolloin paneuduimme syvällisesti Johanneksen evankeliumiin.

Tullessamme neljänteen lukuun hän sanoi: "Toimimme tämän luvun kohdalla vähän eri tavalla. Tällä kertaa en opeta vaan annan teille jokaiselle pari jaetta tutkittavaksi, ja seuraavalla kerralla esitätte muille, mitä olette siitä löytäneet." Hänen sanoessaan näin toivoin heti, että saisin tietyn jakeen. Ajattelin, että jos saisin sen jakeen, minun ei tarvitsisi tehdä mitään kotona, koska olin jo saanut ilmestystä siitä. Olin hyvin kiireinen, joten jos saisin juuri sen jakeen, pääsisin tekemästä tätä kotitehtävää ja saisin hiukan enemmän aikaa itselleni.

Hän antoi kullekin tietyt jakeet, ja minä sain täsmälleen sen jakeen, jota olin toivonut. Se oli Johannes 4:23. Tutkiessani jaetta aiemmin olin ajatellut, että se kuuluu näin: "Tulee aika ja se on jo nyt, jolloin kaikki oikeat rukoilijat palvovat Jumalaa hengessä ja totuudessa. Sellaisia rukoilijoita Jumala tahtoo." Siinä ei sanota täsmälleen näin, mutta minä *luulin*, että näin siinä sanotaan. Olin hyvin mielissäni siitä, että sain haluamani jakeen. Minun ei tarvinnut ollenkaan tutkia sitä. Sitten tuli minun vuoroni kertoa ilmestykseni luokan edessä. Olin varma siitä, että olin onnistunut ilmaisemaan, miten ymmärsin tämän jakeen, ja sain vahvistuksen, kun muutamat opiskelijat tulivat jälkeenpäin onnittelemaan minua.

Ilmestykseni koski kohtaa "palvovat hengessä ja totuudessa", sillä tiesin, mitä palvonta on. Palvonta on sitä, että henkemme pyrkii tulemaan ulos suumme kautta ilmaisten täydellistä rakkautta ja ihailua. Siihen ei liity juuri lainkaan ajattelua, se on hengen yhteyttä. Olen huomannut, että on mahdotonta oppia palvomaan. Palvonta on luonnollinen vastaus Jumalan läsnäoloon. *Tätä* on palvonta hengessä ja totuudessa! Ja tämän olin kertonut ilmestyksenä tästä jakeesta.

Sitten, kahdeksan vuotta myöhemmin, tajusin, mitä tämä jae *todella* tarkoittaa. Siinä Jeesus itse asiassa sanoo:

*Tulee aika — ja se on jo nyt — jolloin kaikki oikeat rukoilijat rukoilevat (palvovat,* engl. NKJV-käännös) *Isää hengessä ja totuudessa. Sellaisia rukoilijoita (palvojia) Isä tahtoo.*

Tähän saakka kaikki palvontani oli keskittynyt Jeesuksen persoonaan, yksin Jeesukseen. Kaikki laulut, joita lauloimme siihen aikaan ja laulamme vielä nytkin, ovat keskittyneet ”yksin Jeesukseen”. Meillä on WWJD (What Would Jesus Do? = Mitä Jeesus tekisi?) -rannekkeita. Laulamme: ”Yksin sinä, Jeesus.” Jotenkin minusta tuntuu, ettei Jeesus yhdy näihin sanoihin. Uskon, että Jeesus sanoisi: *”Oikeastaan* kaikessa on kysymys Isästäni.”

Tietenkään ei ole väärin palvoa Jeesusta. Jotkin Raamatun hienoimmat palvontajakeet kohdistuvat Jeesuksen persoonaan, erityisesti Ilmestyskirjassa, jossa vanhimmat heittävät kruununsa hänen eteensä ja kunnioittavat palvoen Jumalan Karitsaa. Mutta tahdon tässä korostaa sitä, että Jeesus *itse* sanoi: ”Oikeat rukoilijat palvovat *Isää* hengessä ja totuudessa.” Lukiessani tätä siihen aikaan en voinut kuvitellakaan sanovani: ”Palvon sinua, Isä” tai ”Rakastan sinua, Isä”. Olin järkyttynyt siitä, että nämä sanat olivat niin kaukana omasta näkökulmastani, mutta saatoin kyllä nähdä, että Jeesus itse lausui ne. Aloin tajuta, että Isällä todella on paikka elämässämme! ”Jeesus, yksin Jeesus” -asenteeni alkoi muuttua.

Kun tämä ilmestys alkaa näinä aikoina tulla seurakuntaan ja kun alamme jälleen nähdä Isän, jotkut kamppailevat saman ongelman kanssa ja purnaavat : ”Näyttää siltä, että teikäläiset menevät vain Isän luokse ja sivuuttavat Jeesuksen.” Haluan sanoa tämän hyvin selvästi: emme missään nimessä sivuuta Jeesusta. Ainoa *tie* Isän luokse menee Jeesuksen kautta, ja vain hänessä meillä on yhteys Isään.

## OLEMME KRISTUKSESSA

Jotkut sanovat, että harhaoppia usein lauletaan ennen kuin sitä saarnataan. Toivoisin todella, että hengellisten laulujen tekijät kysyisivät neuvoa joltakulta, joka tuntee Raamatun. Monetkaan laulumme eivät ole lainkaan Raamatun mukaisia, ja silti laulamme niitä enemmän kuin luemme Raamattua. On esimerkiksi vanha virsi, jossa sanotaan, että "kuljemme Jeesuksen, maailman valon, kanssa". Monissa lauluissa puhutaan "Jeesuksen kanssa kulkemisesta", mutta väite ei oikeastaan ole raamatullinen.

Emme kulje Jeesuksen *kanssa*. Olemme *Kristuksessa*, ja hän on *meissä*. Olemme tulleet sisälle hänen elämäänsä. Meidät on kastettu häneen, enkä enää *elä minä, vaan Kristus elää minussa. Sen elämän, jota tässä ruumiissani vielä elän, elän uskoen Jumalan Poikaan, joka rakasti minua ja antoi henkensä puolestani.* (Gal. 2:20) Hänestä on tullut minun elämäni. Hän elää *sisimmässäni*, ja minä olen *hänessä*. Minut on kastettu *häneen*. Kyse ei niinkään ole siitä, että kulkisin hänen kanssaan rinta rinnan, vaan siitä, että hän on *minussa* ja minä olen hänessä. Todellisuudessa kuljemme *Isän* kanssa Kristuksessa. Oikeastaan ei ole kysymys *minun* suhteestani Isään. Olen astunut sisälle *Jeesuksen* suhteeseen omaan Isäänsä.

### JEESUS ON TIE ISÄN LUOKSE

Koko tämän prosessin aikana aloin nähdä, että henkilökohtainen suhde Isään on todellakin raamatullista sen perusteella, kuka Jeesus on ja kuka minä olen *hänessä*.

Sitten satuin lukemaan Johanneksen evankeliumin 14. lukua. Sitä kannattaa mietiskellä, koska siinä on jotakin, mikä usein ymmärretään väärin. Rakastan näitä jakeita, jotka kertovat Jeesuksen viimeisistä päivistä ennen ristiinnaulitsemista. Jack Winter on huomauttanut, että henkilön viimeiset sanat ennen kuolemaa ovat erityisen huomionarvoisia.

## Jeesus aloitti sanomalla:

*Älköön sydämenne olko levoton. Uskokaa Jumalaan ja uskokaa minuun. Minun Isäni kodissa on monta huonetta — enhän minä muuten sanoisi, että menen valmistamaan teille asuinsijan. Minä menen valmistamaan teille sijaa mutta tulen sitten takaisin ja noudan teidät luokseni, jotta saisitte olla siellä missä minä olen.* (Joh. 14:1–3)

Jeesus ilmoitti olevansa lähdössä. Silti opetuslapset edelleen toivoivat kirjaimellista valtakuntaa. Heille oli melkoinen sokki, kun Jeesus sanoi: "Olen lähdössä. Jätän teidät tänne." Voin kuvitella, kuinka he katsoivat toisiinsa ja sanoivat: "Tiesittekö *te* tästä? Aloin seurata häntä, koska luulin, että hän ajaisi roomalaiset tiehensä. Olemme antaneet elämämme, jättäneet kalaverkkomme. Meidän piti perustaa valtakunta kuten makkabealaiset tekivät aikanaan, ja meistä piti tulla uuden armeijan sotilaita Israelin vapauttamiseksi. Mistä hän *nyt* oikein puhuu?"

Mutta Jeesus sanoi itse asiassa: "Ei, menen valmistamaan teille paikan, mutta ette voi juuri nyt tulla kanssani." Sitten hän jatkoi:

*Te tiedätte kyllä tien sinne minne minä menen* (Joh. 14:4).

Muistan, kun olin koulussa 30 oppilaan luokassa. Joskus opettaja sanoi jotakin sellaista, mitä kukaan meistä ei ymmärtänyt. Kukaan ei kuitenkaan halunnut kysyä mitään, ettei olisi vaikuttanut tyhmältä. Luulen, että opetuslapsilla oli samanlainen tilanne, kun Jeesus sanoi: "Te tiedätte, minne olen menossa, ja tiedätte tien sinne." Voin kuvitella, että kaverit katsoivat toisiinsa ajatellen: "Tiedätkö sinä? Onko hän sanonut sinulle? Minulle hän ei ole sanonut. Olenko ollut poissa sinä päivänä? Mistä hän oikein puhuu?"

Jokaista varmasti hävetti myöntää, ettei hän todellakaan tiennyt. Silloin Tuomas teki tämän ihanan puhtaan ja viattoman kysymyksen: "Herra, emme me tiedä, minne sinä menet. Kuinka voisimme tuntea tien?" Olen todella iloinen siitä, että Tuomas sanoi näin, koska muuten meillä ei olisi seuraavaa jaetta, joka on yksi Uuden testamentin merkittävimmistä jakeista:

*Minä olen tie, totuus ja elämä. Ei kukaan pääse Isän luo muuten kuin minun kauttani.* (Joh. 14:6)

Hän ilmoitti heille sekä tien että määränpään! Sanoessaan, että hän menee valmistamaan heille paikkaa, jotta hekin saisivat olla siellä missä hän on, hän oikeastaan sanoi, että hän menee valmistamaan heille paikan Isän sydämessä. Huomaa, että hän *ei* sanonut: "Saatte olla siellä, missä minä olen oleva", vaan hän sanoi: "Saatte olla siellä, missä minä *olen*." Jeesus on aina elänyt Isän sydämessä, ja ollessaan maan päällä hän eli siellä *edelleen*. Johannes 1:18 sanoo:

*"Jumalaa ei kukaan ole koskaan nähnyt. Ainoa Poika, joka itse on Jumala ja joka aina on Isän vierellä* (in the bosom 'rintaa vasten', 'sydämessä', engl. NKJV-käännös), *on opettanut meidät tuntemaan hänet."*

On tulossa aika, jolloin maailma kuuntelee vain niitä, jotka elävät lähellä Isää, hänen rintaansa vasten, hänen rakkaudessaan. Vain siitä paikasta voimme todella julistaa Jumalaa, todella ilmaista hänen rakkauttaan maailmalle. Poikana eläminen voittaa kaikki muut kristinuskon näkökulmat. Sen *täytyy* olla niin, koska vasta silloin seurakunta vihdoin edustaa täysin Jumalan Poikaa.

## Isä on määränpää

Jeesus sanoi: *Minä olen tie, totuus ja elämä. Ei kukaan pääse Isän luo muuten kuin minun kauttani.* Jeesus on tie määränpäähän. *Määränpää* on Isä. Sen jälkeen hän lisäsi:

*Jos te tunnette minut, opitte tuntemaan myös minun Isäni. Te tunnette hänet jo nyt, olettehan nähneet hänet.*

Monet ovat lukeneet nämä sanat ja uskoneet, että jos joku on nähnyt Jeesuksen ja saanut kokemusperäisen, todellisen yhteyden häneen, hänellä on automaattisesti yhteys Isään. He uskovat, ettei ole mitään muuta, erillistä kokemusta Isästä kuin yhteys Jeesukseen. Olisin itse voinut uskoa samoin, ellei olisi ollut jaetta 8, jossa Filippus sanoo:

*Herra, anna meidän nähdä Isä, muuta emme pyydä.*

Filippus sanoo periaatteessa näin: "Jeesus, olen katsellut sinua kolmen vuoden ajan. Voin kyllä nähdä sinut, mutta en näe Isää! Näemme, että sinulla on yhteys häneen, mutta pystymme näkemään vain sinut. Anna meidän nähdä *Isä*!"
Jeesus vastasi:

*Etkö sinä, Filippus, tunne minua, vaikka olen jo näin kauan ollut teidän seurassanne? Joka on nähnyt minut, on nähnyt Isän. Kuinka voit sanoa: "Anna meidän nähdä Isä"? Etkö usko, että minä olen Isässä ja Isä on minussa? Kun puhun teille, en puhu omissa nimissäni: Isä on minussa, ja minun tekoni ovat hänen tekojaan. Uskokaa, kun sanon, että minä olen Isässä ja Isä on minussa. Ellette muuten usko, uskokaa minun tekojeni tähden.*

Jeesus sanoi Filippukselle, että ihmeet olivat tosiasiassa merkki Isän läsnäolosta. Jakeessa 7 hän sanoo: "Jos todella tuntisit minut, tuntisit myös Isän" (engl. NIV-käännös). Toisin sanoen: "Voit tuntea minut tai sitten voit *todella* tuntea minut. Jos *todella* tuntisit minut, näkisit myös Isän."

Rakas lukija, totuus on se, että sinulla voi olla yhteys Jeesukseen — mutta silti et ollenkaan "näe" Isää.

## JEESUS TULI ILMOITTAMAAN ISÄN

Esitän asian hieman toisin. Jeesus sanoi jotakin muuta Matteuksen 11. luvun jakeessa 27:

*Kaiken on Isäni antanut minun haltuuni. Poikaa ei tunne kukaan muu kuin Isä eikä Isää kukaan muu kuin Poika ja se, jolle Poika tahtoo hänet ilmoittaa.*

Tämä virke todella kosketti minua ollessani nuori mies, koska olin aina ajatellut yksinäisyyden tarkoittavan sitä, ettei tunne ketään. Huomasin kuitenkin, että yksinäisyyden oikea määritelmä on se, ettei kukaan tunne *minua*. Kun tajuan, ettei kukaan oikeasti tiedä, millaista on olla minä, olen tosi yksinäinen. Yksinäisyys murtuu, kun voin antaa jonkun toisen tietää, millaista on elää minun elämääni.

Kun Jeesus sanoi: "Poikaa ei tunne kukaan muu kuin Isä", hän oikeastaan sanoi, että Jumala on ainoa, joka todella tuntee hänet. Jeesus kantoi tätä yksinäisyyttä koko maanpäällisen elämänsä ajan. Edes hänen äitinsä ei ymmärtänyt häntä. Maria "tutkisteli näitä asioita sydämessään", mutta ei oikeastaan ymmärtänyt häntä. Jeesus sanoi: "Vain Isä *todella* tuntee minut." Sitten hän käänsi sanat toisin päin: "Eikä Isää tunne kukaan muu kuin Poika."

Tämä oli yksi syy siihen, miksi juutalaisten johtomiehet suuttuivat Jeesukselle ja ristiinnaulitsivat hänet. Jeesus Nasaretilainen väitti tuntevansa Jahven paremmin kuin *he*, uskonnollinen eliitti! He olivat pikkupojasta saakka viettäneet koko elämänsä temppelissä ja oppineet kaiken, mitä oli mahdollista oppia Jumalasta. He olivat jatkuvasti eläneet tässä ympäristössä, opetelleet ulkoa suuret määrät kirjoituksia, rajanneet käyttäytymisensä niin, etteivät ikinä tekisi mitään väärin, jotta voisivat tuntea Jumalan ja tulla hänen hyväksymikseen.

Nyt tämä puusepän poika, jota hyvin todennäköisesti pidettiin aviottomana lapsena, tuli sanomaan heille: "Kaikessa oppineisuudessanne ette todellakaan tunne Jahvea. *Vain minä tunnen hänet.*" Aivan ilmeisesti he ajattelivat hänen olevan hullu, ylimielinen tai harhaoppisuuden huippu. Hän tuomitsi koko juutalaisen uskonnollisen järjestelmän väittämällä, että ainoastaan hän ymmärsi asian, ainoastaan hän todella tunsi Jumalan.

Ja hän oli oikeassa. He saattoivat tietää Jumalasta, mutta hän *tunsi* Jumalan. Koska hän ei ollut syntynyt Aadamista, synti ei erottanut häntä Jumalasta. Jesaja 59:2 sanoo, että synti erottaa meidät Jumalasta, mutta Jeesus *syntyi* synnittömänä! Hän ei ollut Aadamin poika. Hän sikisi suoraan Jumalasta Marian kohdussa.

Hänellä oli automaattisesti yhteys Jumalaan koko elämänsä ajan. Aina kun hän rukoili, Isä ilmestyi hänelle; *henki puhui hengelle.* Hänen täytyi elää uskon varassa aivan kuten meidänkin täytyy, mutta hänellä oli syvä, läheinen yhteys Isään. Koska hän sikisi Pyhästä Hengestä, hän oli siitä hetkestä lähtien täyttynyt Hengellä.

Kun hän sitten sanoi: "Isää ei tunne kukaan muu kuin minä", hän itse asiassa tarkoitti: "Juutalaiset, jotka ovat oppineet kaiken

Jumalasta, eivät oikeastaan tunne häntä, mutta minä tunnen!" Hän osoitti tämän todeksi teoillaan ja sanoillaan. Hänen tekonsa olivat merkki Isän läsnäolosta, eivät ainoastaan voimasta ja auktoriteetista. Hänen tekemänsä ihmeet todistivat siitä rakkaudesta, jota Isä tuntee meitä kohtaan.

Saatuaan uskonnollisten johtajien päät pyörälle julkealla väitteellään, että ainoastaan hän todella tuntee Jumalan, Jeesus vielä lisäsi: "Isää ei tunne kukaan muu kuin Poika ja *se, jolle Poika tahtoo hänet ilmoittaa.*" Jeesus tarkoitti itse asiassa: "Minä tunnen Isän henkilökohtaisesti, eikä kukaan muu tunne häntä niin kuin minä, *mutta* voin ilmaista hänet teille. Voin ilmoittaa, kuka Isä on, niille joille tahdon." Me tarvitsemme Jeesuksen antamaa ilmestystä Isästä!

## ON KYSE ILMESTYKSESTÄ

Tarvitaan *ilmestys* Isästä. Et voi oppia tuntemaan Isää vain siksi, että haluat sitä. Et voi oppia tuntemaan Isää omaksumalla jotakin Raamatusta tai uskomalla siihen, mitä Raamattu sanoo. Se tapahtuu ilmestyksen kautta, aivan samoin kuin sait ilmestyksen Jeesuksesta silloin kun synnyit uudesti. Uudestisyntyminen ei tapahtunut oman voimasi kautta. Et itse tehnyt mitään pelastuaksesi, vaan Jumala teki aloitteen ja sinä vastasit siihen.

Parannuksen tekeminen ja usko eivät itsessään saa sinua syntymään uudesti. Mutta kun Jumala näkee, että teet sen täydestä sydämestäsi, hän vaikuttaa niin, että hengessäsi tapahtuu jotakin, ja synnyttää sinut uudesti. Se ei tapahdu vain siksi, että uskot Raamatun sanaan ja yrität tehdä sen mukaan. Sinusta tulee uusi luomus yliluonnollisella tavalla. Sinussa on syntynyt jotakin aivan uutta, etkä ole enää sama kuin ennen. Se on Jumalan teko sydämessäsi. Pelastus on oikeastaan ilmestys Jeesuksesta, ja ilmestyksen antaa Jumala itse. Hän näyttää meille Jeesuksen.

Samalla tavoin Hengen kaste on ilmestys Pyhästä Hengestä sinun hengessäsi. Saat syvällä sisimmässäsi ilmestyksen Pyhän Hengen todellisuudesta, hänen olemuksestaan, ja yhtäkkiä tiedät, että Pyhä Henki on todellinen. Sitä kutsutaan "Hengen kasteeksi" tai "Hengellä täyttymiseksi", mutta oikeastaan on kyse siitä, että henkesi saa ilmestyksen Pyhän Hengen läsnäolosta sinussa. Tämän tapahtuessa otat vastaan ilmestyksen, ja tieto näistä totuuksista tulee sinulle automaattisesti.

Kun kohtaat Jeesuksen pelastuessasi, jotkin totuudet annetaan sinulle yliluonnollisesti eikä sinulla ole minkäänlaisia epäilyksiä niiden totuudenmukaisuudesta. *Tiedät*, että Jeesus syntyi neitsyt Mariasta. Kuinka sen tiedät? Koska sait *ilmestyksen* Herrasta, sillä juuri se Jeesus on. Tiedät, ettei hän ole vain yleisesti Jumalan poika. Hän on Jumalan *ainoa* Poika, ja tiedät ilman epäilyksen häivääkään, ettei ole muuta poikaa kuin Jeesus. Olet kohdannut hänet syvällä sisimmässäsi, ja tiedät tämän totuuden vuorenvarmasti. Monet marttyyrit ovat kärsineet hirvittävän kuoleman, koska eivät ole voineet kieltää ilmestystä Jeesuksen todellisuudesta.

Pyhän Hengen kaste tuo mukanaan *ilmestys*tietoa siitä, että hän antaa ihmeitätekevän voiman. Simson repi alas temppelin pylväät. Elia juoksi hevosia ja vaunuja nopeammin kaupunkiin. Kun Jumalan Henki tulee jonkun ihmisen ylle, tulee myös voima, koska Jumalan Henki tuo Jumalan voiman. Kolminainen Jumala oli henkilökohtaisesti mukana maailman luomisessa. Isä teki aloitteen ja sanoi sanan, joka on Jeesus, ja Pyhän Hengen voima loi. Koko kolminaisuus toimi yhdessä.

Ellet ole täyttynyt Hengellä, etsit ihmeille niiden todellisuutta vähätteleviä selityksiä, mutta kun olet täyttynyt Hengellä, tilanne on toinen. Olet saanut varmuuden, koska olet koskettanut hänen todellisuuttaan — hänen, jolla on Jumalan voima.

## ILMESTYS ISÄSTÄ

Isän tunteminen ei ole vain sitä, että pidät kiinni kirjoista opitusta teologiasta, vaan Isä itse tulee todelliseksi hengellesi ja hänen rakkautensa alkaa paljastua sinulle. Kun Jeesus sanoi, ettei Isää tunne kukaan muu kuin Poika ja se, jolle Poika tahtoo hänet ilmoittaa, hän puhui Jumalan, Isämme, *ilmestymisestä* sydämessämme.

Tällöin astumme sisään sydämen maailmaan, koska *ilmestys* tulee sydämeemme. On hienoa, ettei tämä ole tarkoitettu ainoastaan älykkäille tai niille, joilla on riittävän voimakas tahto tehdä se, mitä pitää tehdä. Itse asiassa nämä asiat ovat useimmiten esteenä.

Uskon, että juuri nyt Jumala ilmoittaa itsensä Isänä tavalla, jollaista ei ole nähty apostolien aikojen jälkeen. Kristinuskon pääasia on tuntea Isä ja tuntea hänet ilmestyksen kautta. Jeesus on tie Isän luokse. Ilmestys Isästä on määränpää.

# LUKU 2

# Miksi Sydän on Tärkeä

~

Haluan rohkaista sinua antamaan Jumalan Hengen ravita henkeäsi lukiessasi tätä kirjaa. Haluaisin, että Jumala tekisi tämän kirjan kautta työtä sydämessäsi. Juuri tähän haluan keskittyä kirjoittaessani. Jumala ei yleensä ryhdy iskostamaan asioita mieleesi. Sen sijaan hän alkaa *muuttaa sydäntäsi*, koska sydämesi muuttuessa sinusta tulee eri ihminen. Sinun ei tarvitse tehdä mitään muuta, mutta toimit eri tavalla ja olet erilainen ihminen. Kun sydämesi on muuttunut, toimit *automaattisesti* eri tavalla.

Olet varmaan huomannut, ettei Raamattua ole tarkoitettu oppikirjaksi. Siinä ei ole sisällysluetteloa, jossa on lueteltu järjestyksessä kaikki aiheet. Jumala on tarkoituksella kirjoittanut sen siten, että niiden, joilla on silmät nähdä ja korvat kuulla, on löydettävä totuudet sieltä. Kuulin kerran jonkun sanovan, että Jumala haluaa mielellään tulla löydetyksi! Kuten lastensa kanssa piilosilla oleva isä, hän on suunnitellut niin, että vain ne, jotka haluavat viettää aikaa hänen kanssaan ja etsivät häntä janoisina, löytävät hänet.

Lukiessamme Raamattua ja etsiessämme häntä koko sydämestämme hän näyttää meille suuria ja ihmeellisiä asioita, joita emme ole tienneet. Huutaessamme hänen puoleensa hän vastaa! Hänen totuutensa ovat kätkössä välinpitämättömältä tarkkailijalta. Juuri siksi hän ei ole antanut sanaansa oppikirjaksi, jonka välinpitämätön tarkkailijakin voi löytää. Sen totuudet on kätketty sanoihin, jotka näyttävät aivan tavanomaisilta.

Olen löytänyt maksitotuuden, joka on kätketty Sananlaskujen 4. luvun jakeeseen 23: *Ennen muuta varjele sitä, mikä on sydämessäsi — siellä on koko elämäsi lähde.* Toinen käännös sanoo: *Varjele sydäntäsi äärimmäisen huolellisesti, sillä se on elämän alkulähde.* Tämä jae on tullut erittäin keskeiseksi palvelutyössämme, ja uskon, että se on yksi Raamatun suurista jakeista. Raamattu on täynnä tällaisia maksitotuuksia, kuten "Jumala on rakkaus" tai "Jumala on Henki". Nämä ovat suuria asioita, maksitotuuksia! Uskon todella, että tämä jae Sananlaskujen 4. luvussa on yksi kristinuskon maksitotuuksista, joka valitettavasti on jäänyt huomaamatta monilta kristityiltä.

Sydämesi on tärkein osa sinua, ja kaiken, mitä koet elämässäsi, koet sydämesi kautta. Se, miten tulkitset elämää ja sen tapahtumia ja miten ne vaikuttavat sinuun, määräytyy kokonaan sydämesi tilan perusteella. Totuus on se, että sinulla on mieli, sinulla on tunteet, sinulla on tahto — mutta sydämesi on se, joka todella olet!

Kerron esimerkin. Joku voi sanoa jotakin samanaikaisesti kahdelle henkilölle, mutta toinen kuulija voi ymmärtää sen tietyllä tavalla ja toinen taas aivan toisella. Puhuja voi käyttää samoja sanoja ja lausua ne samalla hetkellä kahdelle henkilölle, ja kuitenkin ne voivat merkitä kuulijoille täysin eri asioita. Miksi? Koska heidän sydämensä ovat erilaisia ja kyseiset sanat merkitsevät heille eri asioita. Kaksi henkilöä voi saada saman katseen joltakulta ja tulkita sen täysin eri tavoin.

Itse asiassa voidaan sanoa, että me kaikki elämme eri maailmoissa, koska jokaisen sydän on tottunut kokemaan elämän eri tavoin. Kun esimerkiksi väkivaltaisen isän poika kuulee sanan "isä", hän sulkee automaattisesti sydämensä tuolta sanalta. Hän ei kuuntele, mitä sanotaan. Mutta kun poika, jolla on ihana isä, kuulee sanan "isä", se herättää hänessä heti lohdutuksen ja turvallisuuden tunteita. Kaksi täysin eri maailmaa!

Kukin meistä elää omassa maailmassaan yksinkertaisesti siksi, että ne asiat, joita olemme käyneet läpi, ovat vaikuttaneet meihin ja muuttaneet sydäntämme. Se, missäpäin maailmaa olemme kasvaneet, kotiolomme, kulttuurista johtuvat asenteemme, koulutuksemme, älykkyystasomme, urheilulliset kykymme, erilaiset ihmissuhteemme — kaikki nämä asiat ovat vaikuttaneet siihen, miten nyt koemme elämämme. Et ehkä pysty edes ilmaisemaan sitä, mitä ajattelet, mutta näet elämän sen lävitse, mihin sydämesi on totutettu.

## Kuinka Sydämemme Muuttuu

Uskoon tullessamme saimme halun muuttua ja tulla enemmän Jeesuksen kaltaisiksi. Jumala ei kuitenkaan tee tätä kouluttamalla mieltämme tai motivoimalla meitä tekemään parempia päätöksiä inhimillisen päättäväisyyden avulla. Silti juuri näin kristityn kypsyys on monesti esitetty meille. "Jos haluat muuttua, sinun on tehtävä tällä tavoin. Sinun täytyy kypsyä. Sinun täytyy kasvaa."

Vallitseva käsitys opetuslapseudesta sellaisena kuin se meille nykyään usein esitetään, kuuluu suunnilleen näin: *Sinun on tehtävä niin ja tehtävä näin* tai *Sinun on lakattava tekemästä tuota ja tekemästä tätä* tai *Sinun on kehitettävä näitä tapoja ja tätä käyttäytymismallia, jotta muuttuisit.*

Totuus on, että vaikka voisit lakata tekemästä tiettyjä tekoja, se ei muuta todellista minääsi, koska sydämesi ratkaisee, kuka todella olet! Se, millä tavoin elämänkokemuksesi ovat vaikuttaneet sydämeesi, määrää sen, kuka tällä hetkellä olet.

Sen vuoksi Sananlaskut 4:23 sanoo:

*Ennen muuta varjele sitä, mikä on sydämessäsi — siellä on koko elämäsi lähde.*

Kaikki se, mitä olet, johtuu sydämesi tilasta. Saatat pystyä muuttamaan käyttäytymistäsi päättäväisyytesi ja tahdonvoimasi avulla, mutta voin sanoa, miten siinä käy. Voit tehdä oikeita valintoja ja tehdä kaiken niin kuin pitääkin. Voit jopa oppia hymyilemään oikealla tavalla ja käyttäytymään kunnon kristityn tavoin. Mutta jonakin päivänä omassa maailmassasi tapahtuu jotakin, ja yhtäkkiä palaat takaisin siihen, kuka *todella* olet, ja käytät sellaista kieltä, jota sinun ei pitäisi käyttää. Tai ryhdyt jälleen ajattelemaan ja jälleen kohtelemaan ihmisiä tavalla, jonka tiedät vääräksi. Äärimmäisen stressin hetkellä se tulee ulos suustasi. Saatat jopa sanoa: "Pyydän anteeksi, en ollut oma itseni." Saanko sanoa totuuden: sinä tosiaankin *olit oma itsesi.* Juuri paineen alla se, mitä sydämessäsi todella on, tulee ulos sen kautta, mitä sanot ja millä tavoin sen sanot. Kun kaikki menee hyvin ja mukavasti, voit puhua kuten järkesi sanoo ja osaat lausua oikeat asiat, mutta kun tulee paineita, puhut ja toimit sen mukaan, mitä sydämessäsi on. Tekojasi muuttamalla et voi muuttaa todellista minääsi. Todellinen ja kestävä muutos tapahtuu, kun sydän on muuttunut.

Onneksi Jumala on ottanut asiakseen muuttaa sydämemme. Rakastan tätä lausetta, se ilmaisee valtavan ihanan totuuden. *Kun Jumala muuttaa sydämesi, se osa sydäntäsi täyttää automaattisesti kaiken, mitä Jumala sinulta pyytää. Olet automaattisesti sitä, mitä kristityn kuuluu olla, asiaa sen enempää ajattelematta, koska se tulee sydämestäsi.*

*Fatherheart Ministries* -järjestön Norjan-työssä on ihana pariskunta: Olav ja Unni. He pelastuivat 1970-luvulla, jolloin heidän kaupungissaan Norjassa kolmasosa nuorista tuli uskoon. Tapasimme heidät ensimmäisen kerran noin kymmenen vuotta sitten, jolloin olimme heidän seurakunnassaan, ja Isän rakkaus teki heihin syvän vaikutuksen. Kaikki Olavin suorituspaineet olla "hyvä kristitty" ja "hyvä pastori" loppuivat, kun hän koki Isän rakkauden ja sai levon. Isän rakkaus on muuttanut heidän elämänsä.

Olav ja Unni tekevät huomattavassa määrin palvelutyötä Keniassa. Eräänä iltana heidän kävellessään Nairobissa kotiin kokouksesta yhdeksän nuorta miestä hyökkäsi heidän kimppuunsa, pieksi heidät pahasti ja varasti kaiken, mitä heillä oli. Miehet jättivät heidät makaamaan keskelle hiekkatietä Nairobin slummissa. Kun he tulivat tajuihinsa, Unni oli ikionnellinen huomatessaan, että hänen kultainen vihkisormuksensa oli tallella. Kaikki muu oli viety. He pystyivät vaivoin ryömimään toistensa luokse, mutta alkaessaan rukoilla hyökkääjiensä puolesta he molemmat täyttyivät valtavalla rakkaudella näitä miehiä kohtaan. Se hämmästytti heitä. Rakkaus vain virtasi heistä. He saattoivat ainoastaan ajatella: "Jumala, auta näitä ihania nuoria miehiä ja rakasta heitä. He ovat todella hienoja nuorukaisia. Siunaa heitä, Jumala." Heidän sydämensä olivat tulvillaan rakkautta. Tämä kokemus vakuutti heidät siitä, että Isän rakkaus on kiistattoman todellista, koska rakkaus tuli heidän sydämistään ilman minkäänlaista ponnistusta. Heidän ei tarvinnut antaa anteeksi hyökkääjilleen, koska he huomasivat omistavansa jotakin paljon suurempaa: heillä oli syvä rakkaus vihamiehiään kohtaan.

Tällainen on todellinen kristityn sydän! Ei niin, että "minun täytyy antaa heille anteeksi" tai että "tiedän, että on oikein antaa heille anteeksi". Olavin ja Unnin sydämestä tulvi esiin sitä, mitä siellä jo oli. Heidän ei tarvinnut kysellä, mitä tässä tilanteessa kuuluisi tehdä. Samanlainen sydän, jota Jeesuskin olisi osoittanut, oli automaattisesti heissä.

*Kun Jumala muuttaa sydämesi, sinusta tulee vääjäämättä erilainen.*

Kristinusko ei ole sitä, että opetellaan, kuinka kuuluu käyttäytyä, ja yritetään sitten oman päättäväisyyden voimalla toimia sen mukaisesti. Tietenkin uskon, että meidän tulee päättäväisesti vastustaa syntiä, mutta se, että lakataan tekemästä syntiä, ei ole Kristuksen kaltaisuutta. On muistettava, että vain Jumala yksin voi muuttaa sydämemme, niin että meistä tulee Kristuksen kaltaisia. Kun hän muuttaa sinut, sinusta tulee vääjäämättä erilainen, ilman että edes ajattelet asiaa.

Meidän täytyy ymmärtää, että kristinuskossa itsessään on voima. Kun elät kristityn elämää, sinusta tulee juuri sellainen kuin kristityn kuuluu olla. Sinä itse et saa sitä aikaan. Oma ponnistelusi, itsehillintäsi tai kurinalaisuutesi ei auta. Jos omin ponnistuksin saat elämäsi näyttämään kristilliseltä, otat siitä kunnian itsellesi. Vain silloin kun Jumala itse on muuttanut sinut, annat kaiken kunnian hänelle. Jumala tekee työtä sydämissämme muuttaakseen meitä, ja silloin käyttäytymisemme ja ajattelutapamme muuttuvat *automaattisesti* hänen kaltaisekseen, joka on meidät muuttanut.

## ARPIKUDOS

Jos sinua on haavoitettu syvästi elämässäsi, sydämessäsi on pysyvä haava, kunnes Jumala parantaa sen. Niin kauan kuin haava on olemassa, se osa sinusta on jollakin tavoin vääristynyt eikä toimi siten kuin pitäisi.

Ollessani yhdeksänvuotias kaaduin pyörällä, ja polveeni jäi arpi ruosteisen ohjaustangon raapaistua ihoani. Itkin valtavasti. Kotiin tultuani näin ison haavan polvessani. Äitini puhdistaessa sitä isäni huomautti: "Tuosta jää sinulle arpi koko loppuiäksesi." Arpi on siinä edelleenkin, mutta se on hyvin pieni. Tiedätkö miksi? Polveni on kasvanut! Arpi on kuitenkin pysynyt saman kokoisena, koska arpikudos ei kasva. Kun sydämessäsi on arpi, se osa sinusta ei kasva vaan jää lapsen tasolle. Sen vuoksi monet meistä reagoivat toisinaan lapsellisesti ja sitten häpeävät sitä. Päätämme, että seuraavalla kerralla reagoimme eri tavalla, mutta poikkeuksetta reagoimme taas samoin. Jumala on parantamassa sydämemme arpia. Kun hän parantaa arven sydämessäsi, se osa sinusta tulee täysikasvuiseksi. Eikä se vie edes pitkää aikaa. Onneksi Jumala parantaa todella nopeasti!

Kun sydäntäsi on lyöty laimin eikä se ole saanut tarvitsemaansa hellyyttä tai kun se on särkynyt ja haavoitettu, se osa sydäntäsi jää arpeutuneeksi, kunnes Jumala parantaa sen. On Jumalan asia parantaa sydämemme, ja hän tekee sen vuodattamalla lohduttavaa rakkauttaan.

## SYDÄMESI ON TODELLINEN MINÄSI

Sydämesi haavoittuessa syvin osa sinua haavoittuu. Miksi? Koska sydämesi ei ole vain jotakin, mitä sinulla on, vaan sydämesi on todellinen minäsi. Sinulla on kyky tehdä valintoja, koska tahtosi on sinun. Voit ohjata tahtoasi miten vain haluat. Mielesi ei ole se, joka todella olet, koska voit muuttaa mielesi. Voit päättää ajatella eri tavalla. Sen vuoksi ajattelusi ei ole todellinen minäsi, koska voit hallita ajatteluasi. Voit kouluttaa mieltäsi eri tavoin. Voit tietää, että jokin on väärin, mutta päättää uskoa toisin. Voit ohjailla omaa mieltäsi. Mielesi ei ole todellinen minäsi. Se on asia, joka sinulla on.

Sama koskee tunteitasi. Tunteesi ovat asia, joka sinulla on, mutta ne eivät ole todellinen minäsi. Monet jäävät ansaan luullessaan tunteidensa olevan sitä, mitä he todella ovat. Jos he ovat surullisia, koko maailma on surullinen. Jos he ovat iloisia, elämä on ihanaa. Jos he ovat masentuneita, he näkevät maailman masentavana paikkana. Tunteesi saattavat olla omiasi, mutta ne eivät ole sitä, mitä todella olet. Vain se, että tunnet tietyllä tavalla, ei tee siitä totta.

Sinulla on mieli, sinulla on tunteet ja sinulla on tahto, mutta *sydämesi on todellinen minäsi.*

## PARANTAVA RAKKAUS

Kun Jumala muuttaa sydämesi, alat rakastaa sitä, mitä Jumala rakastaa. Alat tuntea, niin kuin Jumala tuntee. Alat ajatella, niin kuin Jumala ajattelee. Alat tehdä sitä, mitä Jumala tekee — automaattisesti! Tässä kirjassa ei siis ole kyse koulutuksesta, vaan pikemminkin siitä, että hän voisi tulla sydämeesi parantamaan sen ja vuodattamaan rakkautensa ja muuttamaan sydämesi oman sydämensä kaltaiseksi.

On ihana uutinen, että silloin kun rakkaus tulee, kaikki se, mitä *rakkaudenpuute* on sinussa aiheuttanut, muuttuu päinvastaiseksi. Joskus käytän sanaa "epärakkaus", vaikka se ei taida olla mikään varsinainen sana, mutta se kuvaa asiaa hyvin. Olemme kokeneet paljon sellaisia asioita, jotka eivät ole rakkautta. Sinulla on saattanut olla traumaattisia "epärakkauden" kokemuksia, jotka ovat aiheuttaneet aukkoja elämäsi perustukseen. Jokainen tällainen kokemus on kuin räjähdys syvällä sisimmässäsi. Kun Jumala vuodattaa rakkauttaan tämän perustuksen päälle, se täyttää ensimmäiseksi siinä olevat aukot. Hänen rakkautensa virtaa elämäsi traumoihin ja aukkoihin ja alkaa tehdä sinua ehjäksi.

Kuitenkaan useimmat meistä eivät vieläkään ymmärrä tätä. Antamamme sielunhoito on enimmäkseen keskittynyt diagnosoimaan rikkinäisyyttä henkilön elämässä ja pyrkinyt tunnistamaan ja eristämään tapahtumat, jotka ovat haavoittaneet häntä. Sitten olemme rukoilleet Jumalalta parantumista, ja Jumala on vastannut rukouksiin ja vuodattanut rakkauttaan. Niinpä se on tuottanut tuloksia. Nyt olen kuitenkin huomannut, että jos voimme avata sydämemme ja antaa vain Jumalan rakkauden virrata sisään, se täyttää *kaikki* aukot. Ei ole tarpeen tunnistaa niitä. Rakkaus virtaa niihin automaattisesti! Jos siis onnistumme löytämään avaimen, jolla voimme auttaa jokaista avaamaan sydämensä Isän rakkaudelle, ja jos tämä rakkaus saa virrata jatkuvasti, se parantaa meidät, halusimmepa tai emme!

Isän rakkaus virtaa sydämeesi, ja juuri se on paikka, jossa kohtaat hänet. Aiemmin ajattelin, että ainoastaan siitä tässä palvelutyössä on kyse. Uskoimme, että sanoma Jumalan isänsydämestä on sellainen, että se eheyttää ihmisten tunne-elämän, mutta olen huomannut, että sydämen parantuminen on vasta ensi askel Isän tuntemisessa. Kun hänen rakkautensa tulee, se ensin parantaa sydämemme. Jos pidämme sydämemme avoimena, meistä voi tulla poikia ja tyttäriä, joilla on yhteys Isään ja jotka kasvavat hänen rakkautensa tuntemisessa ja kokemisessa.

Ratkaisevaa on todellakin sydämen avaaminen. En tiedä, kuinka avaan sydämeni. Minulla ei ole aavistustakaan, kuinka se käytännössä tapahtuu. Kunpa tietäisin. Mutta voin yksinkertaisesti mennä Jumalan eteen ja sanoa: "Jumala, mitä sitten haluatkin tehdä, sopii minulle. Tekipä se kuinka kipeää hyvänsä, tee se kuitenkin. Isä, luotan siihen, että olet hyvä Jumala ja ettet tee minulle mitään pahaa. Voin antautua sinulle. Voin luottaa sinuun, koska olet hyvä."

Monilla meistä on hyvä syy olla luottamatta joihinkin ihmisiin elämässämme. Koskaan ei ole mitään syytä olla luottamatta Jumalaan. Jotkut sanovat: "Jumala salli tämän tapahtua minulle." Jumala ei ole koskaan tehnyt mitään väärää sinulle eikä kenellekään toiselle — ei koskaan! Hän on ainoastaan hyvä. Hän ei voi tehdä syntiä. Meillä ei siis koskaan ole mitään aihetta syyttää Jumalaa tai antaa hänelle anteeksi jotakin, mitä hän mielestämme on tehnyt. Saatamme luulla, että hän on tehnyt jotakin väärää, mutta asia ei ole niin. Vaikka emme aina ymmärrä, mitä elämässämme tapahtuu, totuus on, että Jumala on aina pelkästään hyvä.

Kehotan sinua tätä kirjaa lukiessasi antautumaan sydämessäsi hänelle, siinä määrin kuin vain osaat. Voit sanoa: "Isä, tässä olen, tee ihan mitä haluat." Ehkä sinulla on omia odotuksia, mutta minä haluaisin mieluummin, että Jumalan odotukset täyttyisivät, eivät omani. Voit sanoa: "Isä, olen tässä sitä varten, mitä *sinä* haluat minun suhteeni, en siksi, että omat odotukseni täyttyisivät." Hän on ainoastaan hyvä. Voimme luottaa häneen.

LUKU 3

# Anteeksiantaminen Sydämestä

~

Kuollessaan ristillä Jeesus sanoi: "Se on täytetty!" Kaikki, mitä Jumala voi tehdä puolestamme, on jo tehty. Kaikki, mitä Jumalalla on sydämellään meitä varten, on nyt varattuna meille. Alamme vähitellen huomata, mitä hän on tehnyt. Siitä, mitä Jeesus sai aikaan ristillä, on tulossa meille todellista. Kristityn kasvuprosessi merkitsee sitä, että sinä ja minä astumme siihen todellisuuteen, jonka hän on jo valmistanut. Jumalan ei tarvitse tehdä enempää. Kristus on tehnyt kaiken. Mutta miksi emme pysty astumaan kokonaan siihen sisälle? Kahdessa seuraavassa luvussa haluan tutkia vastausta tähän.

## HÄN RAKASTAA MEITÄ JO NYT

Isän rakkauden ilmestyksessä ei ole kyse siitä, että yrittäisimme saada häntä vuodattamaan rakkauttaan sydämiimme. Hänen rakkautensa sataa yllemme joka hetki. Kysymys kuuluu: *Miksi en koe sitä enemmän? Miksi se ei ole todellista minulle?*

Suurin ongelma, jonka joudumme kohtaamaan, ovat meissä olevat tukokset, jotka estävät tätä tulemasta todeksi elämässämme. Kun pääsemme eroon näistä esteistä, koemme hänen rakkautensa yhä todellisempana. Walesin herätyksen tunnuslaulu oli kaunis virsi: "Rakkaus laaja kuin valtameri, hyvyys niin kuin tulva." Jumalan rakkaus on kuin valtameri. Tiedän, millainen valtameri on. Lentomatka Uudesta-Seelannista Los Angelesiin kestää melkein kaksitoista tuntia, ja välissä on enimmäkseen pelkkää merta. Olemme vasta alkaneet kastaa varpaitamme Isän rakkauden ihmeelliseen valtamereen.

Kun pääsemme jatkuvasti kokemaan, että hän rakastaa meitä, persoonallisuutemme muuttuu. Se muuttaa elämämme ja tekee meidät Jeesuksen kuvan kaltaisiksi. *Rakkaus itsessään muuttaa meidät.* Avain hengelliseen kasvuun on pääseminen eroon asioista, jotka estävät meitä kokemasta hänen rakkautensa todellisuutta. Se on mitä yksinkertaisin ja kuitenkin mitä syvällisin totuus.

## KRISTINUKOSSA ITSESSÄÄN ON VOIMA

Kristinuskossa *itsessään* on voima, joka muuttaa meitä. Jos elät aidossa kristinuskossa, se muovaa sinusta kristityn ja muuttaa sinut sellaiseksi kuin Jeesus on. Sinun ei tarvitse tehdä *mitään*, jotta se tapahtuisi. Ellet muutu Jeesuksen kaltaiseksi, ei ole todellisuudessa kyse kristinuskosta. Kristinuskon olemus on yksinkertaisesti tämä: Jeesus kuoli ristillä sovittaakseen meidät Jumalan kanssa, jotta voisimme päästä yhteyteen hänen Isänsä kanssa ja kokea, että Isä rakastaa meitä lakkaamatta. Kristinusko on äärettömän paljon enemmän kuin vain pään tietoa siitä, että Jumala rakastaa meitä. Se on *todellinen* kokemus siitä, että olemme *rakastettuja* jokaisen päivän jokaisena hetkenä. Ero näiden kahden välillä on valtava. Paholainenkin tietää, että Jumala rakastaa. Siinä ei ole kyse uskosta vaan ainoastaan oikeasta opista. Usko on sitä, että *tunnet hänen rakastavan sinua.* Ellet koe sitä, se johtuu sydämessäsi olevista esteistä. Kun esteet poistuvat, taivas on auki.

Kristinuskoa voidaan verrata ihmiseen, joka on perinyt kuolleelta sukulaiseltaan suuren summan rahaa mutta ei tiedä asiasta mitään. Joitakin vuosia sitten Uuden-Seelannin tiedotusvälineet kertoivat miehestä, joka oli perinyt valtavan määrän rahaa Etelä-Amerikassa asuneelta kaukaiselta sukulaiseltaan, josta hän ei ollut koskaan kuullutkaan. Kesti muutamia vuosia, ennen kuin pesänjakajat selvittivät, että hän oli ainoa perillinen, ja viimein löysivät hänet. Hän oli perinyt huikeat 13 miljardia dollaria.

Kuvittele tilannetta. Eräänä päivänä hänelle tulee puhelu lakimieheltä, joka kutsuu hänet luokseen. Tullessaan paikalle hän saa kuulla, että tämä valtava rahasumma on nyt kokonaan hänen. Mikä järkytys! Mitä luulet hänen tekevän seuraavana päivänä? Tämä muuttaisi hänen elämänsä radikaalisti ja pysyvästi. Voisit kuvitella tuntikausia, mitä hän tekisi ja kuinka hänen elämänsä muuttuisi.

Rakas lukija, totuus on, että juuri tätä kristinusko on. Jeesuksen kuoleman ja ylösnousemuksen kautta olemme saaneet valtavan perinnön. Monilla meistä on hyvin vähäinen käsitys siitä, mitä se todella merkitsee, mutta alamme oppia. Alamme tajuta, mitä pelastus todella merkitsee. Se on paljon enemmän kuin sitä, että saamme pääsylipun taivaaseen, elämme mukavaa elämää, olemme ystävällisiä lähimmäisillemme, olemme hyviä työntekijöitä tai työnantajia, käymme säännöllisesti kirkossa tai vieläpä palvelemme seurakunnassa. Monet uskovat, että tässä on kaikki, mitä kristinusko on. Voin vakuuttaa, että kristinusko on kyllä hiukan isompi asia kuin tämä!

Kristinusko on sitä, että sinä ja minä tulemme Kristuksen kaltaisiksi! Tarkoitus on, että elämme ikuisesti sen kaltaista elämää, jota Jeesus elää ikuisesti. Se ylittää huimasti sen, mitä pystymme kuvittelemaan! Kristinusko on valtava asia, ja olemme perineet sen aivan kokonaan. Joku, joka on ollut uskossa viisi minuuttia, ei ole perinyt yhtään sen vähempää kuin joku toinen, joka on ollut kristitty 85 vuotta. Kauemmin uskossa ollut saattaa ymmärtää enemmän siitä, mikä hänen perintönsä on, mutta me kaikki todella omistamme aivan saman asian.

Einstein on sanonut: "Ellet pysty selittämään asiaa isoäidillesi, et vielä tunne sitä." Pidän tästä ajatuksesta, koska silloin kun todella tunnemme jonkin asian tässä elämässä, siitä tulee yksinkertaista. Asiat, joista puhun, eivät ole monimutkaisia. Isä rakastaa meitä, ja se muuttaa meidät. Kun tunnemme tämän rakkauden, kun koemme tämän rakkauden ja kun elämme tässä rakkaudessa, se muuttaa meidät Herran kuvan kaltaisiksi. Tahdon puhua sinulle joistakin asioista, jotka ovat olleet esteinä omassa elämässäni, ja kertoa siitä tiestä, jota pitkin Herra on minua kuljettanut aina tänne saakka.

## EPÄMUKAVA IHME

Tapasimme Jack Winterin ensimmäisen kerran Uudessa-Seelannissa vuonna 1976, jolloin hän kutsui meidät Yhdysvaltoihin olemaan mukana hänen *Daystar Ministries* -palvelutyössään. Menimme sinne syyskuussa 1978. Lensimme ensin tukahduttavan kuumaan Los Angelesiin ja sieltä Indianapolisiin. Meillä oli vain menolippu, mikä oli minusta suuri Jumalan ihme, koska Yhdysvaltoihin lyhyeksi tai pitemmäksi aikaa matkustavien on pystyttävä näyttämään myös paluulippunsa. Dorothy Winter haki meidät lentoasemalta, ja menimme heidän palvelukeskukseensa Martinsvilleen, Indianaan. Siellä aloimme kuulla Isän rakkaudesta.

Minulla oli kuitenkin iso ongelma. En oikein tuntenut kutsumusta rakkauden palvelutyöhön. Olin Jumalan mies, en Jumalan nahjus. Tällainen "rakkauslöpinä" ei todellakaan ollut minua varten. Minulle palvelutyö merkitsi olemista "raastavana puimavälineenä", niin että sanani viiltävät läpi pahuuden voimien ja saavat demonit polvilleen. Tultuani Jackin palvelukeskukseen Denisen ja kolmen lapsemme kanssa kauhistuin huomatessani, että kaikki siellä oli vain tätä "rakkauslöpinää". Pelkäsin, että olimme tehneet hirvittävän virheen, mutta emme voineet palata kotiinkaan, koska meillä ei ollut paluulippua! Hämmennykseni keskellä Herralla oli omat tarkoituksensa.

Olimme siis jumissa siellä, ja jonkin ajan kuluttua aloin pohtia, mitä voisin tehdä käyttääkseni aikaani hyödyllisemmin. Puhuessani kerran erään heidän esirukoilijansa kanssa katsoin hänen silmiinsä ja näin, että hän todella osasi rukoilla. Ajattelin: "Minulla ei ole aavistustakaan siitä, kuinka pitäisi rukoilla, mutta hänellä ilmiselvästi on." Siinä samassa päätin yrittää opetella rukoilemaan.

## Tosi miehen rukousta oppimassa

Minua innosti kovasti Apostolien tekojen kohta, jossa Pietari nousee katolle rukoilemaan ja hänen tulee nälkä. Ajattelin: "Kuinka kauan kestää, ennen kuin miehen tulee nälkä?" Sen täytyy kestää ainakin muutama tunti. Samastuin Pietariin siinä mielessä, että hän oli kovaa fyysistä työtä tekevä mies. Mies, jolla oli känsäiset kädet ja ahavoituneet kasvot. Ulkoilmaihminen kuten minäkin. Sen tyyppinen mies, joka asioiden mennessä vikaan hoitaisi tilanteen itse työnteolla. Jeesuksen kuoltua hän lähti kalaan. Hän ei ryöminyt sängyn alle suremaan eikä sulkeutunut jonnekin lukemaan runoja. Rakastan runoja ja olen itsekin kirjoittanut niitä, mutta juuri työmieheen Pietarissa samastuin. Minunkin käteni olivat känsäiset. Olen viettänyt suuren osan elämääni vuoristossa ammattimetsästäjänä, ja mentyäni naimisiin Denisen kanssa työskentelin myös rakennusmiehenä.

Niinpä pystyin samastumaan tähän karskiin mieheen, Pietariin. Jopa hänenlaisensa aktiivinen ja kovaa työtä tekevä ulkoilmaihminen oli oppinut rukoilemaan hellittämättä. Joskus oletamme, että sisäänpäin kääntyneen tai oppineen ihmisen on helpompi rukoilla pitkään, mutta tässä Pietari rukoili, kunnes hänen tuli nälkä. Se oli minulle suuri haaste.

Toinen Raamatun henkilö, joka antoi minulle haasteen, oli Elia. Hänkin oli selvästi jämerä mies. Hänestä sanotaan, että hänen otsansa oli kova kuin kivi. Tarvitaan tietynlainen persoona, jotta voi tehdä sellaisia asioita kuin hän. Jos Elia kävelisi huoneeseen, varmaan pelkäisimme hänen katsettaan. Minua hämmästytti se seikka, että hän istui vuoren laella (2. Kun. 1:9). Minulle tämä kertoi siitä, että hänellä oli rukouselämä. Hän osasi olla Jumalan edessä ihan vain istumassa.

Tässä oli minulle suuri haaste, koska en osannut rukoilla kovinkaan pitkään. Niinpä halusin oppia rukoilemaan. Tavoitteeni oli tulla enemmän näiden innostavien henkilöiden kaltaiseksi, joista olin lukenut. Asuinpaikkamme kellarikerroksessa oli kaunis, kokonaan vihreäksi sisustettu pieni kappeli. Ajattelin, että voisin viettää siellä jonkin aikaa lauantaiaamuisin, jolloin kukaan muu ei ollut paikalla. Päätin sulkea oven ja viipyä siellä rukoilemassa niin kauan kuin suinkin pystyin.

Seuraavan lauantain lähestyessä tein listaa aiheista, joiden puolesta voisin rukoilla. Mikä tahansa vähänkin rukoukseksi luokiteltava asia kävi, kunhan se pidentäisi rukouksen kestoa. Päätin, että jos ajatukseni lähtisivät harhailemaan, en tuomitsisi itseäni vaan keskittyisin uudelleen. Mieleni oli levollinen ajatellessani, etten aio pyytää anteeksi inhimillistä heikkouttani vaan jatkan vain eteenpäin listani mukaan. Lauantaiaamuna sulkeuduin kappeliin ja rukoilin kaiken kuviteltavissa olevan puolesta.

Rukoilin kielillä, rukoilin englanniksi, rukoilin laulaen, rukoilin maaten kasvot lattiaa vasten, rukoilin selälläni, rukoilin juosten ympäri huonetta. Rukoilin niin pitkään kuin pystyin ja niin hitaasti kuin pystyin, jotta se kestäisi kauemmin. Minulla oli Raamattu mukanani, mutta en ollut siellä lukemassa Raamattua vaan rukoilemassa. Ikuisuudelta tuntuvan ajan kuluttua seinät alkoivat vähitellen kaatua päälleni. Aloin pitkästyä ja tuntea ahtaan paikan kammoa. Ryntäsin ovelle ja astuin käytävään. Katsoin kelloani: se oli 6.20. Olin aloittanut kello 6.00.

En ole sellainen ihminen, joka luovuttaa herkästi. Tässä oli kyse rukoilemaan opettelemisesta. Koko seuraavan viikon ideoin lisää rukousaiheita. Menisin kappeliin jälleen seuraavana lauantaina, koska olin sitoutunut menemään sinne joka lauantai. Seuraavana lauantaina kävin läpi saman prosessin: rukoilin kaiken kuviteltavissa olevan puolesta niin hitaasti kuin mahdollista, kielillä ja englanniksi, laulaen, seisten, istuen, maaten, juosten, vaihdellen kaikkia mahdollisia tapoja rukoilla. Lopulta lähdin ovesta ulos, kun en enää kestänyt. Olin ollut siellä 25 minuuttia. Se oli mielestäni edistystä, mutta kestäisi vielä pitkään, ennen kuin pystyisin istumaan päiväkausia vuoren laella kuten Elia! Eikä minun todellakaan ollut tullut nälkä kuten Pietarin! Jatkoin joka lauantai rukoilemista kappelissa. Se oli kovaa työtä, mutta olin sinnikäs, sillä ajattelin, että jos nämä toiset ovat pystyneet siihen, minäkin pystyn. Halusin olla Jumalan mies, ja olin valmis tekemään mitä tahansa tullakseni sellaiseksi.

Eräänä päivänä tapahtui jotakin. Ollessani rukoilemassa Herran läsnäolo tuli yhtäkkiä huoneeseen. Olin tuntenut hänen läsnäolonsa monta, monta kertaa aikaisemminkin, mutta en ollut koskaan kokenut sitä näin voimakkaasti ollessani yksin. Olin kokenut Jumalan läsnäolon vahvana kokouksissa, joissa oli muitakin läsnä, mutta en koskaan yksinäni. Se oli aivan ihmeellistä. Hänen läsnäolonsa tullessa huoneeseen ensimmäinen ajatukseni oli, etten saisi tehdä mitään sellaista, mikä saisi hänet lähtemään pois. Minulla oli Raamattu kädessäni, mutta epäröin avata sitä. En pyytänyt mitään, minkä arvelin olevan tulkittavissa itsekeskeiseksi tai johtuvan vääristä motiiveista. Seisoin vain hänen edessään ja tein ainoastaan sitä, mikä tuntui täysin luontevalta hänen läsnäolossaan. Jonkin ajan kuluttua hänen läsnäolonsa oli poissa, se hälveni kuin usva vuorenrinteeltä. Yhtäkkiä tajusin olevani yksin. Hän oli mennyt. Katsoin kelloani. Oli kulunut yli tunti, mutta se oli tuntunut viideltä minuutilta. En vielä silloin ymmärtänyt, että olin alkanut oppia, mikä on rukouksen salaisuus — eikä vain rukouksen, vaan kristityn koko elämän salaisuus.

Kristityn koko elämä keskittyy oikeastaan vain yhteen asiaan: löytää hänen läsnäolonsa ja pysyä siinä, oppia elämään tietoisena hänen läsnäolostaan. Joka kerta mennessäni kappeliin sen päivän jälkeen etsin hänen läsnäoloaan. Joskus se tuli, joskus taas ei, mutta se tuli yhä säännöllisemmin. Aloin yhä enemmän oppia löytämään hänen läsnäoloaan.

Eräänä päivänä rukoillessani tapahtui jotakin, mikä muutti kaiken. Se oli viimeinen kerta, kun menin kappeliin. Hänen läsnäolonsa tuli, ja olin hänen kanssaan. Tässä vaiheessa rukoushetkeni olivat kolmen tai neljän tunnin mittaisia. Kävelin edestakaisin kappelissa avoin Raamattu kädessäni. Päästyäni seinän viereen käännyin ympäri, ja yhtäkkiä Herra puhui minulle.

Se hetki on vaikuttanut siihen, mitä olen tänään. Lisäksi se on vaikuttanut tuhansien muiden elämään, vaikka en sitä sillä hetkellä tiennyt. Hän puhui minulle äärimmäisen haastavasti. Hän esitti kysymyksen, joka ravisteli minua sydänjuuriani myöten. Kysymys sisälsi vain viisi sanaa, mutta oli täynnä latausta. Muistathan, että kamppailin kaikkien kysymysten kanssa, jotka liittyivät Isän rakkauden vastaanottamiseen. Hän puhui niin, että ymmärsin sen täysin selvästi, ja hän tuntui olevan äärettömän vahvasti läsnä. Yhtäkkiä olin valonheittimen alla. Tunsin ikään kuin hän olisi katsonut minua tarkkaavaisesti nähdäkseen, mitä vastaisin hänen kysymykseensä.

Jollakin tavoin tiesin, että hän pystyi näkemään, mitä ajattelin ja tunsin. Jokainen vastaus sisimmässäni oli paljastettu, ja pelästyin joutuessani Herran tarkkailun kohteeksi. Tuntui aivan kuin valonheittimeen olisi liitetty myös röntgensäde. Heprealaiskirje 4:13 sanoo: *Jumalalta ei voi salata mitään. Kaikki, mikä on luotu, on avointa ja alastonta hänelle, jolle meidän on tehtävä tili.* Oli pelottavaa tulla tietoiseksi siitä, että tämä on kuin onkin totta. Seisoin paljastettuna hänen hellittämättömän katseensa alla ja yritin miettiä, miten vastaisin tähän kysymykseen. Se oli helppo ymmärtää mutta hyvin hankala käsitellä.

Hän sanoi yksinkertaisesti: *James, kenen poika sinä olet?*

Jos hän olisi esittänyt hiukan erilaisen kysymyksen, asettanut kysymyksen hivenen eri tavalla, olisin osannut vastata siihen helposti. Jos hän olisi sanonut: "James, kuka sinun isäsi on?", olisin

voinut sanoa hänelle: "Isäni on Bruce Jordan." Siitä ei ole epäilystä-
kään. Bruce Jordan on isäni. Olisin voinut vastata yksinkertaisesti:
"Bruce. Bruce Jordan on minun isäni." Mutta hän ei kysynyt, kuka
minun isäni on. Hän kysyi, kenen poika minä olen. Hänen kysyes-
sään tätä tajusin, että jo kauan, kauan sitten *olin lakannut* olemasta
poika omalle isälleni.

## SULJIN SYDÄMENI ISÄLTÄNI

Muistan selvästi, kuinka noin kymmenvuotiaana istuin partu-
rintuolissa leikkauttamassa hiuksiani. Istuin kädet vanhan nahka-
tuolin käsinojia vasten. Kaikilla kaupunkimme asukkailla oli
ainakin yksi kivääri metsästystä ja ampumakilpailuja varten, joita
pidettiin säännöllisesti. Parturi oli kaupungin maineikkain metsäs-
täjä. Hänellä oli tapana mennä vuorille mukanaan vain kivääri,
huopa nukkumista varten, pussillinen riisiä ja vähän suolaa ja
viipyä siellä viikkokausia. Minun äitini sen sijaan oli kaupungin
paras ampuja. Hän oli todellinen "Annie mestariampuja". Hänellä
oli tapana mennä ampumaan kaniineja ja palata samana päivänä
mukanaan 60–90 kaniinia, jotka kaikki oli ammuttu suoraan
päähän. Minulla on hänen kiväärinsä vieläkin tallella.

Parturin leikatessa hiuksiani toinen mies tuli sisään ja alkoi
jutella hänen kanssaan. "Miten meni viime kauriinmetsästys-
reissu?" parturi kysyi. Miehen vastaus muutti elämäni. Hän sanoi,
että metsästysreissu oli mennyt pieleen, koska hallituksen kauriin-
metsästäjät olivat olleet siellä ja jättäneet jälkeensä vain muutamia
kauriita metsästettäviksi. Nämä metsästäjät olivat hallituksen palk-
kaamia kauriskannan vähentäjiä, jotka asuivat vuorilla ampuen
kauriita. Se oli heidän ainoa tehtävänsä. He asuivat vuoristoma-
joissa ja nukkuivat kallionkoloissa. Kuullessani tämän ymmärsin
heti, että nämä hallituksen palkkaamat metsästäjät olivat parempia

kuin kaupungin parhaat metsästäjät, koska he olivat ampuneet kaikki kauriit jättämättä mitään muille. Siitä hetkestä lähtien en halunnut mitään muuta kuin asua yksin vuorilla ja ampua kauriita hallitukselle.

Rakastan vuoria, mutta minua houkutteli ennen kaikkea tämän elämäntavan lupaama vapaudentunne, vapaus kaikista ihmissuhteista. Olin huomannut, että ihmiset voivat satuttaa minua, ja ajattelin, että jos voisin elää ilman muita ihmisiä, voisin elää ilman kipua. Tuntemani kipu liittyi enimmäkseen isääni. Kun kuulin hallituksen kauriinmetsästäjistä, lakkasin tekemästä mitään koulun hyväksi. Joka kerta saadessani todistuksen opettajat sanoivat vanhemmilleni: "Jamesilla olisi luokan parhaat edellytykset, mutta hän ei käytä kykyjään." Pärjäsin koulussa ja pääsin läpi kaikista kokeista joutumatta olemaan kovinkaan paljon tunneilla. Sen vuoksi vietin mahdollisimman paljon aikaa muualla kuin koulussa. Odotin vain, että aika kuluisi, kunnes olisin kahdeksantoista ja riittävän vanha päästäkseni kauriinmetsästäjäksi. Itse asiassa minun annettiin aloittaa jo 17-vuotiaana. Isäni oli aiheuttanut minulle niin paljon kipua, että olin sulkenut sydämeni häneltä jo alle kymmenvuotiaana, ja siitä lähtien en ollut enää ollut hänelle poika.

Herran esittäessä minulle kysymyksen: "James, kenen poika sinä olet?" tiesin heti, että hän kysyi tämän henkilön nimeä. Kysymys oli erittäin täsmällinen. *James, kenen poika sinä olet? Kerro minulle hänen nimensä!*

Ensimmäiseksi ajattelin vastata: "Olen Bruce Jordanin poika." Tajusin kuitenkin heti, etten voinut sanoa niin, koska hän näki sydämeeni ja tiesi, etten ollut ollut poika isälleni.

Kysymys kosketti syviä asioita sisimmässäni. Viime kuukausien aikana olin lukenut Johanneksen evankeliumia, ja se, mitä Jeesus sanoo suhteestaan Isään, oli tehnyt minuun suuren vaikutuksen. Olin alleviivannut kaikki hänen lausumansa sanat, kuten: *Teen mielelläni sinun tahtosi.* Tai: *Minulla on ruokaa, josta te ette tiedä. Minun ruokani on se, että täytän Isäni tahdon ja vien hänen työnsä päätökseen.* Yhtäkkiä tajusin, että Isän tahdon täyttäminen antoi Jeesukselle niin suuren tyydytyksen, että joskus hän ei edes tuntenut fyysistä nälkää. Katsoessani omaa suhdettani isääni aloin nähdä, että se oli aivan erilainen. Ymmärsin, että itse asiassa Herra sanoi minulle: "James, kenelle sinä olet ollut poika sillä tavoin kuin Jeesus on poika minulle?" Sitä hän todellisuudessa kysyi.

Herra oli paljastanut vakavan ongelman valmistellessaan sydäntäni ottamaan vastaan Isän rakkautta. Suhtautumiseni omaan isääni oli vahva tukos sydämessäni, ja se esti minua vastaanottamasta Jumalan isyyttä.

## ISÄNI

Yksi pysyvä muisto isästäni on se, että hän alkoi helposti väitellä, varsinkin jos oli humalassa, ja sitä tapahtui usein. Riippumatta siitä, mitä joku sanoi, hän väitti vastaan ja alkoi haastaa riitaa. Ollessani pieni poika en ymmärtänyt, että isällä oli ongelmia, joihin hän oli juuttunut kiinni. Luulin, että hän vihasi minua. Hänellä oli tapana ärsyttää minua siihen pisteeseen, että menetin kirjaimellisesti ruumiini hallinnan ja sekosin täysin kiukusta ja turhautuneisuudesta. Hänen alkaessaan haastaa riitaa kuulin vain sen, että hän sanoi minua typeräksi. *Aivoissasi on jotakin vikaa. Olet idiootti. Et kelpaa minulle. En pidä sinusta. Olet hullu. Et pysty ajattelemaan selvästi. Sinussa on jotakin vikaa!* Sen jälkeen olen oppinut jotakin väittelyistä. Väittelyllä ei ole mitään tekemistä riidan aiheen kanssa. Aihe on vain välikappale, jota riidanhaluinen ihminen käyttää saadakseen yliotteen. Väittely on itse asiassa taistelua vallasta.

Isälläni oli epäilemättä ongelmia. Niin oli minullakin, mutta olin vasta pieni poika. Kun hän käytti aikuisen äänen koko voimaa, aikuisen mieltä ja koko persoonallisuuttaan minua vastaan, saatoin joskus potkia kaapinovia pois saranoiltaan. Näin melkein kirjaimellisesti punaista, paiskasin oven kiinni ja juoksin talon takana olevalle kukkulalle. Itkin ja kihisin kiukusta, kunnes sydämeni rauhoittui. Tulin takaisin vasta kaikkien valojen sammuttua, kiipesin sisään huoneeni ikkunasta ja menin nukkumaan. Kukaan ei tullut katsomaan, olinko tullut takaisin vai en. Talossa vallitsi päiväkausia jännitys, joka sitten vähitellen hälveni, kunnes tuli seuraava riita. Kasvaessani tämän keskellä suljin sydämeni isältäni.

## ANTEEKSIANTAMINEN TAHDON AVULLA

Heti uskoontuloni jälkeen seurakuntaamme tuli vieraileva puhuja. Hänen saarnansa perusajatus oli: *Sinun täytyy antaa anteeksi niille, jotka ovat tehneet syntiä sinua vastaan. Ellet anna anteeksi, Jumalakaan ei anna sinulle anteeksi.* Ymmärsin, mitä hän sanoi. Olin lukenut tämän raamatunjakeen monta kertaa. Mutta tulkitsin sen niin, että kyse on iankaikkisesta pelastusvarmuudesta. Ellet anna anteeksi, menetät pelastuksesi. En pystynyt keksimään tälle jakeelle mitään muuta merkitystä.

Jos on olemassa jokin asia, joka on minulle todella tärkeä, se on juuri tämä! Uskon, että monet, monet kristityt ympäri maailmaa ovat omaksuneet erheellisen käsityksen siitä, mitä *anteeksianto* todella on. Monet kristityt luulevat antaneensa anteeksi jollekulle, vaikka sydämessään he eivät todellisuudessa ole sitä tehneet. He uskovat, että asia on käsitelty, kun he ovat antaneet anteeksi niin kuin heille on opetettu. Kuunnellessani tuota saarnaajaa tunsin valtavaa painetta antaa anteeksi isälleni, tai muuten menettäisin pelastukseni. Olin jäänyt loukkuun! Halusin lähteä huoneesta, mutta en kyennyt. Ajattelin, että lähtiessäni huoneesta lähtisin samalla pois uskosta. Niinpä jäin paikoilleni, ja painostus paheni entisestään.

Karu totuus oli, etten halunnut antaa isälleni anteeksi. En ollut tippaakaan kiinnostunut antamaan hänelle anteeksi. Mutta saarnaaja oli järkähtämätön: minun täytyi tehdä niin.

### EI OLE KYSE TAHDOSTA

Kokouksen lopuksi hän sitten sanoi: "Jos jonkun tarvitsee antaa anteeksi jollekulle, hän tulkoon tänne eteen." Niinpä menin eteen kamppaillen yhä sisimmässäni, ja yksi vanhimmista tuli vierelleni. En pitkään aikaan pystynyt sanomaan, että annan anteeksi isälleni. Lopulta hän sanoi minulle: "James, käytä tahdonvoimaasi."

Kun hän sanoi niin, tiesin sen olevan avain, jonka avulla pääsisin ulos huoneesta, sillä osasin kyllä käyttää tahdonvoimaani. Olin joskus ollut vuorilla rajuilman puhjetessa ja jokien tulviessa, läpimärkänä ja kylmissäni. Jos siinä tilanteessa ei pääse kaukana sijaitsevaan vuoristomajaan ennen yön tuloa, ei luultavasti selviä yön yli. Silloin on puskettava tahdonvoiman avulla läpi tuulen ja sateen päästäkseen majalle. Sellaiset tilanteet olivat hyvin todellisia, joten tiesin, miten saan tahtoni toimimaan. Vanhimman sanoessa näin suljin tunteet ulkopuolelle ja tahtoni avulla sanoin: "Annan anteeksi isälleni Jeesuksen nimessä." Olin hyvin helpottunut. Kyyneleet lakkasivat valumasta. Olin iloinen. Tunsin, että ikuinen pelastus oli varma.

Sinä päivänä Herran kysyessä minulta kappelissa, kenen poika olin, tajusin, että minulla oli vielä valtavia isään liittyviä ongelmia sydämessäni. En ollut ollut poika hänelle. Minulla ei ollut yhteyttä häneen. En edes halunnut yhteyttä häneen. Aika ajoin välillämme käytiin edelleen sanasotaa. Vasta sillä hetkellä tajusin, että aikaisempi vakuutukseni anteeksiantamisesta oli pelkkää ulkokuorta.

Monet ihmiset on saatu uskomaan, että anteeksiantaminen on päätös. Se saattaa kyllä alkaa päätöksestä, mutta todellisuudessa se ei ole päätös. Jos sanat "annan sinulle anteeksi" lausutaan vain tahdon avulla, se ei merkitse aitoa anteeksiantoa.

Jatkan seuraavassa luvussa kertomusta siitä, mitä minulle tapahtui kappelissa, mutta haluan nyt puhua siitä, mikä on olennaisin asia tässä luvussa.

Anteeksiantaminen tahdon avulla verrattuna anteeksiantamiseen sydämestä

*Monet ihmiset uskovat antaneensa anteeksi vain siksi, että he ovat tehneet päätöksen, käyttäneet tahdonvoimaansa ja sanoneet antavansa anteeksi.*

"Anteeksiantamus" on niin kulunut sana, että useimmat kristityt olettavat ilman muuta tietävänsä, mitä se tarkoittaa. Tässä haluan sanoa jotakin aivan muuta. Itse asiassa en ole koskaan kuullut kenenkään toisen saarnaajan sanovan sitä, mitä nyt aion sanoa.

Katsotaan Matteuksen evankeliumin lukua 18. Kertomuksen ensimmäinen osa alkaa jakeesta 21, jossa Pietari esittää Jeesukselle kysymyksen anteeksiantamisesta. Siinä sanotaan:

*Silloin Pietari tuli Jeesuksen luo ja sanoi: "Herra, jos veljeni yhä uudestaan tekee väärin minua kohtaan, niin kuinka monta kertaa minun on annettava hänelle anteeksi? Peräti seitsemän kertaako?"*

Se oli Pietarin kysymys. Oikeastaan hän sanoi: "Herra, kuinka pitkälle anteeksiantaminen käytännössä menee? Kuinka monta kertaa minun on annettava anteeksi?"

Huomaan Pietarissa haluttomuutta. Päättelen sen siitä, kuinka hän kysymyksensä asetti. Todennäköisesti Pietari oli nähnyt sen armon ja laupeuden, jota Jeesus osoitti aviorikoksesta kiinni saadulle naiselle ja monissa muissakin tapauksissa. Kun mies laskettiin katon kautta Jeesuksen eteen, hänen ensimmäiset sanansa olivat: *Poikani, sinun syntisi on annettu anteeksi*, vaikka mies ei ollut edes pyytänyt niitä anteeksi! Pietari oli nähnyt Jeesuksen antavan syntejä anteeksi ja osoittavan laupeutta hyvin avokätisesti ja auliisti. Hän oli varmaankin katsellut tätä jonkin aikaa ajatellen: "Jeesus, kuinka pitkälle tämä oikein menee? Kuinka saat sovitetuksi anteeksiannon lain vaatimuksiin?" Kun Pietari esitti tämän kysymyksen, hän paljasti sydämensä. Jeesuksen vastaus hänelle oli: *Ei seitsemän, vaan seitsemänkymmentäseitsemän kertaa* (*seitsemänkymmentä kertaa seitsemän*, vuoden 1938 suomennos ja engl. NKJV-käännös).

En suinkaan usko Jeesuksen tarkoittaneen, että annettuaan anteeksi täsmälleen 490 kertaa Pietari olisi päässyt pälkähästä. Tosiasiassa Jeesus sanoi, että anteeksiantaminen on loputonta. Hän paljasti, ettei Pietarilla ollut aavistustakaan siitä, mitä se todella tarkoittaa.

Sen mukaisesti, kuinka anteeksiantaminen nykyään yleensä ymmärretään, olisi äärettömän vaikeaa antaa samalle henkilölle sama synti anteeksi seitsemän kertaa. Kun joku tekee syntiä meitä vastaan, se on aina tuskallista. Siihen liittyy aina jonkinlaista kipua. Olisi siis yhä tuskallisempaa antaa anteeksi, mitätöidä asia ja päästää hänet kerta toisensa jälkeen menemään ilman mitään rangaistusta. Useimmiten vaatisimme henkilön tilille toisen tai kolmannen kerran jälkeen, ja ystävyys olisi mennyttä. Sanoessaan: "Herra, peräti seitsemän kertaako?" Pietari luuli siis olevansa sangen hurskas. Todellisuudessa se kuitenkin osoitti, että hän oli ymmärtänyt asian aivan väärin. Se armo, laupeus ja anteeksianto, josta Jeesus puhuu, on laajuudeltaan aivan toisenlaista.

## RAKKAUDELLINEN LAUPEUS

Nähdäksemme, mitä Jeesus tarkoitti, katsotaan Miikan 6. luvun jaetta 8. Monilla on tämä jae julisteena seinällään.

*Hän on ilmoittanut sinulle, ihminen, mikä hyvä on; ja mitä muuta Herra sinulta vaatii, kuin että teet sitä, mikä oikein on, rakastat laupeutta ja vaellat nöyrästi Jumalasi edessä?* (Vuoden 1933 suomennos)

Rakastat laupeutta! Laupias sydän haluaa nähdä syyllisen pääsevän vapaaksi. Se on anteeksiantamista. Jumalan tahto on, että *rakastaisimme* anteeksiantamista. Ei ole kyse jostakin sellaisesta, mitä on pakko tehdä, vaan sellaisesta, mitä tekee *mielellään*. Jumala haluaa sydämestä sellaisen, että se *rakastaa* anteeksiantamista.

Jos rakastat jotakin, tahdot tehdä sitä loputtomiin. Tahdot tehdä sitä aina kun tulee tilaisuus. Tahdot suorastaan etsiä tilaisuuksia tehdä sitä. Pietari kysyi: "Herra, kuinka monta kertaa minun on annettava anteeksi veljelleni, kun hän tekee syntiä minua vastaan?" Itse asiassa hän tarkoitti: "Tämä on *kovaa työtä*. En pidä tästä, se on vaikeaa. En halua antaa anteeksi." Mutta Jeesus vastasi: "Pietari, sinulla ei ole aavistustakaan siitä, mitä anteeksianto todella on."

Sen jälkeen Jeesus kertoi tarinan auttaakseen Pietaria ymmärtämään asian. Tämä on usein jäänyt meiltä huomaamatta. Pietari ei todellakaan ymmärtänyt, mitä anteeksiantaminen on. Hän luuli, että se tapahtuu inhimillisen päättäväisyyden avulla, vastoin henkilön *todellista* tahtoa. Olen usein keskustellut ihmisten kanssa, jotka ovat sanoneet: "Joku teki minulle tällä tavoin, ja luulen, että minun on annettava hänelle anteeksi joka päivä elämäni loppuun asti." Kyllä, anteeksiantaminen on prosessi. Minulla vei puoli vuotta käydä se läpi isäni suhteen. En väitä, ettei se ole prosessi, koska aivan varmasti se on. Herra alkoi viedä minua näiden Matteuksen jakeiden lävitse, jotta voisin antaa isälleni anteeksi sillä tavoin kuin hän haluaa. Hän haluaa meidän pääsevän eteenpäin, niin ettemme vain päätä antaa anteeksi vaan että annamme anteeksi rakkaudesta ja loppujen lopuksi alamme *rakastaa* anteeksiantamista. Siirrymme pitkälle eteenpäin siitä, että annamme anteeksi tahdon avulla, antamaan loputtomasti anteeksi sydämestä, joka *rakastaa* anteeksiantamista.

Useimmissa seurakunnissa on opetettu, että anteeksiantaminen on päätös ja tapahtuu tahdon avulla. Jeesus on eri mieltä. Hän sanoo, että anteeksiantaminen on sydämen asia.

## ANTEEKSIANTAMINEN TARKOITTAA VELAN MITÄTÖIMISTÄ

Jeesus huomasi, että Pietari näki anteeksiantamisen vain ankarana käskynä, jota pitää totella. Tässä raamatunkohdassa Jeesus kertoo tarinan selittääkseen asian ja johdattaakseen Pietarin sellaiseen anteeksiantamiseen, jota tämä rakastaisi ja joka tulisi sydämestä. Kerron tarinan omin sanoin.

*Kuninkaalla oli palvelija, joka oli kavaltanut valtavan määrän valtakunnan rahoja. Ehkä hän oli käyttänyt rahat uhkapeliin, sijoittanut ne huonosti tai tuhlannut kaiken, mutta joka tapauksessa rahat olivat menneet. Kun asia selvisi, hän rukoili kuninkaalta anteeksiantoa. Kuningas antoi hänelle anteeksi ja mitätöi velan.*

*Pian sen jälkeen palvelija kohtasi miehen, joka oli hänelle velkaa pienen rahasumman. Mies anoi pientä velkaansa anteeksi, mutta toinen, joka oli saanut anteeksi valtavan velan, ei suostunut antamaan hänelle anteeksi vaan toimitti hänet vankilaan, kunnes hän maksaisi velkansa. Asia tuli kuninkaan tietoon. Hän kutsui palvelijan takaisin luokseen ja sanoi hänelle: "Annoin sinulle kaiken anteeksi, mutta sinä et antanut toiselle anteeksi hänen pientä velkaansa!" Sen vuoksi kuningas pani hänet vankilaan, jossa hän sai kärsiä kidutusta.*

Tällainen oli tarina. Jakeessa 34 sanotaan: *Vihoissaan kuningas pani palvelijansa ankaraan vankeuteen (kiduttajien käsiin,* engl. NKJV-käännös), *kunnes tämä maksaisi koko velan.* Sitten Jeesus sanoo jotakin, mikä on luultavasti Uuden testamentin vakavimpia jakeita: *Näin tekee minun taivaallinen Isänikin teille, jos te ette kaikesta sydämestä anna kukin veljellenne anteeksi.* Toisin sanoen: joudut kokemaan kidutusta, kunnes annat anteeksi kaikesta sydämestäsi. Jeesus kertoi tämän tarinan vain yhtä tarkoitusta varten: opettaakseen meille, kuinka voimme todella antaa sydämestämme anteeksi.

Perimmiltään meidän on päästävä siihen, että voimme *antaa anteeksi sydämestä.* Totuus on, että *tahtomme ei ole sydämemme.* Tahtomme kuuluu meille. Sydämemme on *todellinen minämme.* Tiedämme tämän, koska ihminen voi hallita tahtoaan. Voit päättää, että tahdot tehdä jotakin tai ettet tahdo tehdä sitä.

Monet, jotka ovat tehneet päätöksen antaa anteeksi mutta eivät ole antaneet anteeksi kaikesta sydämestä, kokevat edelleen jonkin kiduttavan heitä. He ajattelevat: *Tällä ei voi olla mitään tekemistä anteeksiantamisen kanssa, koska olen jo antanut anteeksi. Olen päättänyt antaa anteeksi, joten minun osaltani asia on ohitse. Tämänhetkiset ongelmat elämässäni eivät voi mitenkään liittyä anteeksiantamiseen, koska olen antanut anteeksi, niin kuin minulle on opetettu.* Itse asiassa kysymys *on* edelleen anteeksiantamisesta, mutta he eivät pysty näkemään sitä, koska uskovat asian olevan loppuunkäsitelty.

Palatkaamme takaisin tarinaan, jonka läpi Herra vei minua jae jakeelta auttaakseen minua antamaan anteeksi isälleni. Jeesus sanoi:

*Taivasten valtakunta on kuin kuningas, joka vaati palvelijoiltaan tilitykset.*

Lukiessani tätä jaetta Herra puhui minulle hyvin selvästi ja yksinkertaisesti: *James, kun luet tätä tarinaa, kuvittele itsesi kuninkaan paikalle.* Kuninkaan on annettava anteeksi jollekulle, joten ymmärtääksemme, kuinka tämä toimii omalla kohdallamme, meidän on asetuttava kuninkaan asemaan.

Asetuttuani kuninkaan asemaan isästäni tuli tuo palvelija, joka oli varastanut minulta valtavan paljon. Kuningas päätti — syistä joita emme tiedä — selvittää kaikki valtakuntansa tilit ja saattaa kaiken kohdalleen. Jos jokin oli väärin, hän tahtoi korjata asian. Hän tahtoi kaikkien kätkössä olevien asioiden tulevan esiin ja korjatuiksi. Hän oli päättänyt saada vanhurskaan valtakunnan.

Lukiessasi tätä voit asettua kuninkaan asemaan. Voit sanoa: "Herra, haluan, että kaikki elämäni tilit tulevat selviksi. Jos on asioita, joita ei ole todella annettu anteeksi, näytä minulle, mitä ne ovat. Jos olen pettänyt itseäni tai en ole pystynyt näkemään asiaa, kiinnitä huomioni siihen, jotta voisin tänään alkaa katsoa sitä suoraan silmiin. Herra, tahdon selvittää kaikki tilit valtakunnassani."

Tarina jatkuu: *Kun hän alkoi tarkastaa niitä, hänen eteensä tuotiin palvelija, joka oli hänelle velkaa kymmenentuhatta talenttia.* Tämän päivän kurssin mukaan se vastaisi suurin piirtein sataa miljoonaa Amerikan dollaria! Tämä palvelija oli selvästi kuninkaan luottohenkilö, jolla oli vaikutusvaltainen asema valtakunnassa.

Pahimpia syntejä — niitä, jotka satuttavat meitä eniten — tekevät usein ne ihmiset, jotka ovat meille läheisiä ja joihin olemme luottaneet. Ellet luota johonkuhun ja hän tekee jotakin sinua vastaan, se vain vahvistaa sitä, mitä osasit odottaakin, mutta jos olet luottanut häneen, aiheutuu vakavampaa vahinkoa. Tällä miehellä oli paikka lähellä kuninkaan sydäntä. Häneen luotettiin, mutta kävi ilmi, että hän oli varastanut rahoja isännältään.

*Tästä syystä on tuskallista, kun joku tekee syntiä sinua vastaan. Näin tehdessään hän ottaa jotakin pois sinulta. Sinulta varastetaan jotakin.*

Ei tarvitse olla palvelutyössä kovinkaan kauan huomatakseen, että joitakin ihmisiä vastaan on tehty kauheita syntejä. Toisten tekemät asiat ovat aiheuttaneet heidän elämälleen hirvittävää vahinkoa. Kun joku tekee syntiä sinua vastaan, hän varastaa aina jotakin elämästäsi.

Denise ja minä rukoilimme kerran erään 83-vuotiaan naisen

puolesta Minnesotassa. Kun hän oli ollut kolmivuotias, hänet oli raiskattu. Hän ei ajatellut, että se olisi liittynyt siihen, mistä hän tuli puhumaan meille. Hänen ongelmansa oli, että hän oli ollut naimisissa viisi kertaa ja kaikki aviomiehet olivat eronneet hänestä. Hänen sydämensä oli särkynyt näiden miesten takia, joita hän oli rakastanut mutta jotka olivat hylänneet hänet. Kaikki olivat sanoneet samaa: ettei hän kyennyt olemaan hellä vaimo, ja siksi he olivat jättäneet hänet. Kuultuamme hänen tarinansa saimme tietää, että hänet oli raiskattu kolmen vuoden ikäisenä. Hän ei itse nähnyt sitä, mikä meille alkoi olla ilmiselvää: hänen avio-ongelmansa olivat seurausta lapsuudessa tapahtuneesta hyväksikäytöstä.

Se, mitä hänelle oli tapahtunut kolmivuotiaana, oli tuhonnut jotakin hänen naiseudestaan. Se oli vienyt häneltä kyvyn olla vapaa ja rakastava ja nauttia intiimistä suhteesta. Nämä oli varastettu häneltä. Myöhemmin tajusin, että häneltä oli naiseuden lisäksi varastettu paljon muutakin. Häneltä oli varastettu mahdollisuus elää onnellisessa avioliitossa ja saada lapsia. Häneltä oli varastettu mahdollisuus tulla isoäidiksi. Kaikki myönteiset asiat, joita vakaa avioliitto tuo ihmisen elämään, oli varastettu häneltä. Nyt hän oli 83-vuotias, eikä hänellä ollut mitään näistä. Ne oli varastettu häneltä hänen ollessaan kolmivuotias lapsi.

Kiedoin käteni hänen ympärilleen ja pyysin Isää vuodattamaan rakkautensa hänen sydämensä kolmivuotiaaseen osaan ja parantamaan haavan. Sinä päivänä tapahtui ihme. Tuo iäkäs nainen alkoi yhtäkkiä nauraa kihertää kuin kolmivuotias pikkutyttö. Hän nauroi hillittömän ilon vallassa. Sitten hän lakkasi, katsoi meihin hyvin totisena ja sanoi: "Miksi Jumalalta kesti näin kauan parantaa minut?" Minulla ei ollut mitään vastausta siihen. Osasin sanoa hänelle ainoastaan: "No, parempi kai myöhään kuin ei milloinkaan." Kuullessaan sen hän alkoi heti uudelleen kikattaa. "Niin!

Parempi myöhään kuin ei milloinkaan!" Hänelle tuotti valtavaa iloa kuulla se. Hän parani.

Kun ihmiset tekevät syntiä meitä vastaan, he itse asiassa *aina* varastavat meiltä jotakin.

*Ellemme ymmärrä, mitä on varastettu, emme voi mitätöidä velkaa.*

Monet pyytävät hyvin nopeasti ja pintapuolisesti anteeksi tehtyään jotakin väärää: "Olen pahoillani, veli. Anna anteeksi." Tiedämme, että kristityn kuuluu tehdä näin. Ja kristityn vastaus on: "Kyllä, saat anteeksi." Sitten luulemme, että asia on hoidettu. Useimmissa tapauksissa suhteet eivät kuitenkaan koskaan palaudu ennalleen. Ei tapahdu suhteiden paranemista, mutta koska olemme lausuneet anteeksiannon sanat, emme huomaa, mikä on vialla. Tästä syystä Kristuksen ruumiissa on paljon pinnallisia ihmissuhteita. Sydämissä on haavoja, jotka eivät ole koskaan parantuneet. *Ellemme ymmärrä, mitä on varastettu, emme voi mitätöidä velkaa.*

Tässä tarinassa kymmenentuhatta talenttia oli siis varastettu. Antaakseen anteeksi kuninkaan oli mitätöitävä sadan miljoonan dollarin suuruinen velka. Se on valtava rahasumma.

## Anteeksiantaminen sydämestä maksaa

Havainnollistan tätä pienellä esimerkillä. Kuvittele, että jonakin päivänä kulkiessani talosi ohi päättäisin tulla pyytämään sinulta lainaksi kaksikymppiä. Tultuani ovelle huomaisin, ettet ole kotona, mutta ovi on auki ja näen lompakkosi pöydällä. Mietin: "Jos hän olisi kotona, hän kyllä antaisi sen minulle. Hän on ystäväni. Otan sen joka tapauksessa." Niinpä otan lompakostasi kaksikymppisen ja käytän koko rahan.

Tullessasi myöhemmin kotiin huomaat heti, että kaksikymppiä on kadonnut. Ajattelet: "Joku on varastanut sen! Ei olisi pitänyt jättää ovea auki." Seuraavana päivänä Pyhä Henki kuitenkin puhuu minulle, ja tajuan tehneeni syntiä. Tämä ei ollut laina. Todellisuudessa varastin rahan. Niinpä palaan luoksesi ja sanon: "Veli hyvä, olen pahoillani. Eilen sinun poissa ollessasi tulin tänne ja otin lompakostasi kaksikymppiä. Nyt se on kokonaan käytetty. Voitko antaa minulle anteeksi?"

Sinun täytyy nyt tehdä päätös, mutta siihen liittyy myös tunteita, koska sinulla oli luultavasti jonkinlainen tunneside tuohon kaksikymppiseen. Jotta voisit antaa kaksikymppisen mennä, sinun on mitätöitävä velka. Ellet anna minulle anteeksi, minun on maksettava se takaisin. Anteeksiantamattomuus vaatii syntiseltä täyden korvauksen. *Anteeksianto mitätöi velan.* Syy, miksi anteeksiantaminen on meille niin vaikeaa, on se, että siinä viaton maksaa syyllisen puolesta. Asia on aina ollut näin. Näemme sen Jeesuksen kohdalla. Kun hän antoi syntisille anteeksi, se maksoi hänen henkensä! Anteeksiantaminen ja armahdus ovat itse asiassa vastoin oikeutta. Sinulle maksaa kaksikymppiä antaa minulle anteeksi.

Ihana asia anteeksiantamisessa on tämä: antaessamme anteeksi jollekulle tulemme enemmän Jeesuksen kaltaisiksi. Mitätöidessämme velan, maksaessamme jonkun toisen tekemän synnin liitymme läheisemmin Jeesukseen ja muutumme enemmän hänen kaltaisikseen.

Siispä saatat ajatella: "Onko kahdellakympillä nyt jotakin merkitystä näin meidän kesken? James ei ole hassumpi kaveri, mutta hänelle kävi nyt kömmähdys. Selvä, mitätöin velan." Niinpä sanot: "Okei, annan sinulle anteeksi."

Nyt muutan tarinaa hiukan. Tulen kotiisi ja avaan lompakkosi ottaakseni sieltä kaksikymppiä ja huomaan siellä myös Visa-korttisi. Kaiken kukkuraksi olet vahingossa jättänyt PIN-koodisi kortin taakse. Otan Visa-kortin ja kahdenkympin setelin, menen pankkiautomaatille ja nostan tililtäsi tuhat euroa ja sitten tuon Visa-kortin takaisin lompakkoosi. Käytän kaikki rahat, yhteensä 1020 euroa. Seuraavana päivänä joudun tunnontuskiin. Mutta kun tulet kotiin, Visa-kortti on edelleen lompakossasi ja sinulta puuttuu vain kaksikymppiä. Saat tietää tuhannesta eurosta vasta myöhemmin, kun näet Visa-laskusi.

Seuraavana päivänä, kun Pyhä Henki puhuu minulle, tulen luoksesi ja sanon: "Veli hyvä, olen pahoillani, mutta eilen varastin sinulta rahaa. Annatko minulle anteeksi?" Huomaa, etten mainitse mitään Visa-kortista, joten luulet, että kyse on vain kahdestakympistä. Todellisuudessa olen kuitenkin varastanut 1020 euroa, ja pyydän sinua antamaan anteeksi kaiken, mitä olen ottanut. Sanon siis sinulle: "Veli hyvä, olen varastanut sinulta rahaa. Annatko anteeksi?" Sinä sanot: "No, mitäpä nyt kahdestakympistä. Okei, James, saat anteeksi."

Kysyn sinulta nyt: olenko saanut anteeksi? En! *En* ole saanut anteeksi.

*Et voi antaa minulle anteeksi, ellet tiedä mitä sinulta on viety!* Olet antanut minulle anteeksi kaksikymppiä, mutta saadessasi Visa-laskusi sinun on käytävä koko prosessi uudelleen läpi. Tuhanteen euroon liittyy myös paljon enemmän tunteita kuin kahteenkymppiin. Se koskettaa elämääsi paljon todellisemmin. Ehkä nuo rahat oli varattu lomamatkaan tai muuhun sinulle tärkeään asiaan. Tuhat euroa ei ole pikkusumma. Niinpä onkin paljon isompi asia antaa se anteeksi minulle.

*Antaessamme jollekulle anteeksi emme monestikaan ole todella katsoneet, mitä meiltä on varastettu.*

Huomasin tämän, kun Herra auttoi minua antamaan anteeksi isälleni. Olin sanonut seurakunnan kokouksessa tuolle vanhimmalle: "Annan anteeksi isälleni Jeesuksen nimessä." Kun yritin lausua noita sanoja, paljon kipua ja tuskaa oli noussut pintaan. Mutta nyt, lukiessani näitä jakeita Herra alkoi tehdä minua tietoiseksi siitä, mitä olin joutunut maksamaan isäni kykenemättömyydestä olla minulle sellainen isä, jollaista tarvitsin.

Aloin tajuta, että asiat olisivat aivan toisin, jos isäni olisi kesken väittelyn voinut vain sanoa minulle: "Poikani, en halua väitellä kanssasi, rakastan sinua. Olet hyvä poika. Sinulla on terävä pää. Pidän sinusta. Olet minun poikani." Mutta hän vain jatkoi ja jatkoi nälvimistä, kunnes menetin malttini.

Katselen joskus vanhoja perhevalokuvia ajalta, jolloin olin teini-ikäinen. Joka ikisessä kuvassa kasvoni ovat kääntyneet poispäin isästäni. Katsoessani kasvojani noissa vanhoissa valokuvissa mieleni tekisi itkeä. Olin murtunut lapsiparka. Jos isäni olisi edes voinut laittaa kätensä olalleni kulkiessaan ohitseni, se olisi merkinnyt minulle valtavan paljon. Kunpa hän olisi kyennyt sanomaan minulle, että hän rakastaa minua, tai kunpa hän olisi vain istuutunut vierelleni ja sanonut: "Poikani, miten päiväsi on mennyt?" Isäni ei ollut huono isä, mutta hän oli saanut pahoja henkisiä vaurioita toisessa maailmansodassa. Jos hän olisi kyennyt olemaan parempi isä, elämäni olisi ollut parempi. Isäni ei koskaan ollut fyysisesti väkivaltainen, mutta hänen sanansa olivat kaiken aikaa julmia ja pistäviä. Aloin päästä kosketuksiin sen kanssa, mitä olin joutunut maksamaan siitä, että isäni oli sellainen kuin oli. Ja aloin tulla todella, todella vihaiseksi.

## ISÄNI EI PYSTYNYT MAKSAMAAN

Jumalan viedessä minua läpi tämän prosessin, jossa jouduin laskemaan kustannuksia, halusin aika ajoin hypätä lentokoneeseen ja mennä kotiin. Joskus olin niin vihainen, että olisin halunnut iskeä isää nyrkillä. Olin järkyttynyt siitä, kuinka paljon vihaa lymysi syvällä sydämessäni. Tunsin itseni murtuneeksi. Aloin vähitellen ymmärtää, mikä oli todellinen hinta siitä, että isäni ei kyennyt olemaan sellainen isä, jollaista olisin tarvinnut.

Palatakseni Matteuksen 18. luvun tarinaan: jakeessa 25 sanotaan: *Miehellä* (joka oli siis varastanut kymmenentuhatta talenttia) *ei ollut, millä maksaa, ja niin kuningas määräsi, että hänet, hänen vaimonsa ja lapsensa ja koko hänen omaisuutensa oli myytävä ja velka maksettava.* Halusin, että isäni saisi rangaistuksen. Anteeksiantamattomuus haluaa, että toinen saa maksaa tekemistään teoista. Mutta sanat, jotka nousivat tästä jakeesta silmiini, olivat aivan jakeen alussa: *Miehellä ei ollut, millä maksaa.* Tämä mies oli varastanut valtavan summan rahaa ja kuluttanut kaiken. Hän ei pystynyt maksamaan sitä takaisin.

Viikkojen kuluessa nämä sanat palasivat jatkuvasti mieleeni: *Miehellä ei ollut, millä maksaa.* Herra alkoi tuoda mieleeni asioita, joita olin kuullut isästäni hänen sotakavereiltaan, sediltäni ja tädeiltäni. Aloin nähdä hänen elämänsä eri tavalla. Muistin, kuinka tätini (isäni sisaret) olivat puhuneet hänestä ivalliseen sävyyn. Isän oli täytynyt lähteä kotoaan 16-vuotiaana. Hänet lähetettiin kaukana sijaitsevaan kaupunkiin, josta hän sai tulla vain kerran vuodessa käymään kotona. Hän asui iäkkään naisen luona lähellä työpaikkaansa, teki työtä, jota inhosi, eikä kotona ollut mitään, mikä olisi kiinnostanut häntä. Kun hän tuli vuotuiselle käynnilleen kotiin, hänen äitinsä tervehti häntä kättelemällä ja viikkoa myöhemmin hyvästeli hänet kättelemällä. Isä kertoi minulle joitakin vuosia myöhemmin, että ainoa ihminen, joka oli koskaan sanonut hänelle rakastavansa häntä, oli äitini.

Isäni ollessa 17-vuotias alkoi toinen maailmansota. Hän liittyi armeijaan koulutettavaksi, ja hänet lähetettiin taistelemaan Tyynenmeren saarille. Sieltä hän meni Egyptiin ja osallistui liittoutuneiden sotatoimiin Italiassa, jonne hän jäi sodan loppuun asti. Kerran hän kertoi, kuinka hän joutui todistamaan lähimmän ystävänsä kuolemaa kranaattihyökkäyksessä. Muistan hänen sanoneen: "Emme koskaan löytäneet edes palasia hänen vaatteistaan." Hän toimi tiedustelijana raskaassa tykistössä, paikallisti vihollisen asemia ja ohjasi tykistötulta oikeaan kohteeseen. Yleensä he eivät koskaan nähneet tulittamiaan kohteita, paitsi kerran kulkiessaan tuhotun kylän läpi. Hän näki kaduilla naisten ja lasten silpoutuneita ruumiita. Kylässä ei ollut miehiä eikä vihollissotilaita, ainoastaan naisia ja lapsia! Isäni oli 19-vuotias, ja hän oli itse suunnannut kranaatit tuohon kylään.

Muistelen tätä usein ja mietin: jos olisin tuona päivänä ollut Jumala ja nähnyt isäni sydämen hänen kulkiessaan tuon kylän läpi, mitä olisin tuntenut häntä kohtaan? Arvelen, että olisin ollut vihainen siitä, mitä oli tapahtunut, ja surullinen isäni puolesta hänen nähdessään, mitä hänen kätensä olivat saaneet aikaan ja missä hän oli ollut osallisena. Tullessaan kotiin sodasta isälläni oli suuri tarve saada rakkautta. Hän meni hyvin nopeasti naimisiin äitini kanssa, ja muutamassa vuodessa he saivat kolme lasta. Hän alkoi juoda niin paljon alkoholia kuin voi, koska ei pystynyt käsittelemään ahdistavia tunteitaan ja muistojaan. Isäni kävi sisimmässään väittelyä maailman kanssa elämänsä epäoikeudenmukaisuuden vuoksi. Hän käänsi kaiken väittelyksi, koska hänen sisällään vallitsi syvä tyytymättömyys. Hänellä oli kolme lasta, jotka tarvitsivat rakastavaa isää. Mutta hänellä ei ollut rakkautta, jota antaa.

Lukiessani sanat *miehellä ei ollut, millä maksaa* tajusin, että isälläni ei ollut jäljellä minkäänlaisia edellytyksiä olla isä. Hänellä ei ollut rakkautta annettavana. Hän ei pystynyt maksamaan sitä, mitä oli minulle velkaa.

## EMME VOI ANTAA SITÄ, MITÄ MEILLÄ EI OLE

Emme voi antaa sitä, mitä emme ole itse saaneet ottaa vastaan. Siitä huolimatta voimme usein ajatella, että asiat ovat hyvin yksinkertaisia. "Miksi hän ei voi tehdä tätä? Sehän on ihan yksinkertaista." Mutta ellei ole koskaan saanut vastaanottaa sitä, se ei ole yksinkertaista. Isäni ei ollut koskaan kuullut kenenkään sanovan hänelle: "Rakastan sinua." Hänellä ei ollut koskaan ollut isää, joka olisi laittanut kätensä hänen harteilleen ja sanonut: "Olen ylpeä sinusta, poikani." Hänen sydämessään oli pelkkää väittelyä maailman kanssa. *Hän ei pystynyt maksamaan.* Aloin nähdä isäni yksinkertaisesti lähimmäisenä, joka oli joutunut kärsimään ja oli epätäydellinen ja joka itseni tavoin oli kykenemätön käsittelemään kaikkea, mitä elämä eteemme tuo.

*Kuninkaan tuli sääli palvelijaansa, ja hän päästi miehen menemään ja antoi velan anteeksi* (jae 27).

Kuninkaan *tuli sääli* palvelijaansa. Nähdessäni, ettei isällä kerta kaikkiaan ollut mahdollisuuksia maksaa minulle, tunsin ensi kertaa elämässäni myötätuntoa häntä kohtaan. En ollut koskaan ajatellut asioita hänen kannaltaan. Arvelen, että jos olisin nähnyt Jumalan näkökulmasta kaiken sen, mitä isäni elämässä oli tapahtunut, suhtautumiseni häneen olisi ollut hyvin erilainen.

## Todellinen varas

Meillä on sielunvihollinen. Tämä vihollinen on tullut varastamaan, tappamaan ja tuhoamaan. Mutta hän ei tule varastamaan autoasi. Hän tulee varastamaan sielusi. Hän ei tule tuhoamaan televisiotasi. Hän tulee tuhoamaan persoonallisuutesi. Hän tulee tappamaan kaiken hyvän sinussa, kaiken jumalallisen, kaiken ystävällisen, kaiken miellyttävän ja kaiken lempeän. Hän tulee tuhoamaan kaiken, mikä vähänkin viittaa Jumalaan.

Uskovina meillä on uskon kilpi, jolla voimme sammuttaa vihollisen palavat nuolet. Tajusin, että isälläni ei ollut koskaan edes ollut kilpeä, joten kaikki pahan palavat nuolet olivat osuneet häneen. Saatana on täysin häikäilemätön. Hän ei pidättele mitään, hän ei millään tavoin hillitse sitä pahaa, mitä hän tekee ihmisille. Hän tekee mitä hirvittävimpiä asioita kaikkein puhtaimmille ja viattomimmille lapsillekin. Hän oli hyökännyt isääni vastaan jo sillä hetkellä, kun tämä syntyi, jopa ennen sitä. Hän on hyökännyt kaikkia niitäkin vastaan, jotka ovat haavoittaneet sinua. Hän on hyökännyt isääsi ja äitiäsi vastaan ja tehnyt tuhotöitään tavoilla, joita et koskaan voi ymmärtää. Hän on varastanut heiltä mahdollisuuden olla niitä ihmisiä, joita he uneksivat olevansa, ja vienyt heiltä kyvyn olla sellaisia vanhempia, joita sinä olisit tarvinnut.

Aloin siis ymmärtää isäni elämää ja nähdä, että hän oli vain ihminen kuten minäkin: hän kamppaili tämän maailman ongelmien kanssa, hän yritti tehdä parhaansa, mutta hänellä ei vain ollut kykyä olla sitä, mitä minä olisin tarvinnut. Ensimmäistä kertaa elämässäni tunsin myötätuntoa häntä kohtaan. Ensimmäistä kertaa elämässäni rukoilin isäni puolesta. Rukoilin tähän tapaan:

*Herra, haluan isäni olevan siunattu. Haluan hänen olevan onnel-*

*linen. En halua hänen enää kantavan tätä syyllisyyttä. En halua hänen kärsivän rakkaudenpuutteesta. En halua hänen olevan yksin. Haluan hänen olevan rakastettu. Haluan hänen saavan anteeksi tunnollaan olevat asiat ja häntä vaivanneet sodanaikaiset tapahtumat. En halua hänen enää kantavan niitä. Ne saivat hänet juomaan hänen yrittäessään vaientaa sydämensä. Herra, pyydän sinua antamaan hänelle anteeksi kaikki nämä asiat, jotta hän voisi jättää ne taakseen ja olla vapaa. Herra, voitko antaa hänelle anteeksi hänen syntinsä, voitko antaa hänelle kaiken anteeksi? En halua hänen tuntevan enää syyllisyyttä edes siitä, ettei hän ollut minulle kunnon isä, koska se vain lisää entisestään hänen ongelmiaan. Haluan hänen olevan vapaa, niin ettei hän tuntisi epäonnistuneensa miehenä, isänä ja aviomiehenä. Haluan hänen olevan vapaa! Herra, haluan hänen olevan siunattu. Herra, annan hänelle anteeksi koko sydämestäni. Voitko antaa hänelle anteeksi?*

Rukoillessani tämän rukouksen tajusin, että halusin vilpittömästi isän saavan anteeksi *itsensä* vuoksi. Hän kantoi suurta taakkaa, ja *halusin hänen olevan vapaa.* Voin sanoa, että antaessasi anteeksi tällä tavoin *rakastat* anteeksiantamista. Sanoessani: "Herra, annan hänelle anteeksi koko sydämestäni" tapahtui merkillinen asia, jota en ollut osannut odottaa.

Yhtäkkiä tunsin itseni uskomattoman tyhjäksi. Tunsin sydämessäni olevani yksinäinen ja haavoittuvainen. Tunsin itseni pieneksi lapseksi, joka oli täysin turvaton. Ellet anna sydämestäsi anteeksi jollekulle, pidät kiinni tuosta ihmisestä, joka on sinulle jotakin velkaa. Kun olet irrottanut otteesi hänestä, olet tyhjä.

Annoin isälleni anteeksi ja mitätöin velan. Vapautin hänet kaikista isän velvoitteista, joita hän ei koskaan ollut kyennyt täyttämään. Lakkasin odottamasta häneltä mitään, koska se oli vain lisätaakka hänen hartioillaan. Vapautin hänet toiveestani saada jonakin päivänä hyvitystä häneltä. Yhtäkkiä tunsin olevani aivan tyhjä ja aivan yksin. Tunsin itseni pieneksi pojaksi, jota kukaan ei suojele.

Sillä hetkellä kun tämä tunne valtasi minut, näin yhtäkkiä kummallisen näyn. Näyssä olin opettaja noin kolmenkymmenen oppilaan luokassa. Huusin näille kaksitoistavuotiaille lapsille: "Kuka tahtoo olla isä minulle?" Lapset katsoivat minuun hämmentyneinä. Hehän olivat vain lapsia. Kuinka he voisivat olla vanhempiani? Huusin yhä uudelleen: "Kuka tahtoo olla isä minulle?" He eivät tietenkään tienneet, mitä sanoa. Sitten huomasin aivan luokan takaosassa käden nousevan. Katsoin kaikkien päiden yli ja näin, että lattialla luokkahuoneen perällä istui seinää vasten nojaten meidän taivaallinen Isämme. Hän sanoi: "James, minä tahdon olla isä sinulle."

Anteeksiantaminen kaikesta sydämestä tarkoittaa sitä, että sydämesi vapauttaa kyseisen ihmisen, päästää hänet irti ja antaa hänen mennä. Kun sydämesi on kytketty kiinni toiseen ihmiseen anteeksiantamattomuuden takia, se ei ole vapaa kytkeytymään taivaalliseen Isääsi. Jumala tahtoo tuntea meidät sydämestä sydämeen, Isänä. Kun päästämme äitimme ja isämme vapaiksi sydämestämme, sydämemme on vapaa olemaan yhteydessä taivaalliseen Isäämme, joka sanoo: "Otan teidät vastaan ja olen oleva teidän Isänne, ja te olette minun poikiani ja tyttäriäni" (2. Kor. 6:17–18). Sinulla on taivaallinen Isä, joka haluaa tuntea sinut syvästi ja läheisesti. Saatat edelleen olla sidottu vanhempiisi anteeksiantamattomuuden vuoksi. On aika antaa koko sydämestäsi anteeksi ja antaa heidän mennä.

LUKU 4

# *Pojan Sydän*

~

Tahdon nyt kertoa loppuun, mitä tapahtui kappelissa tuona aamuna. Se vaikutti ratkaisevasti siihen, että pääsin kokemaan Isän rakkautta.

Herra esitti minulle tuon järisyttävän kysymyksen: "James, kenen poika sinä olet?" Siihen sisältyi aivan uskomaton viesti. Tiesin hänen kysyvän: "Kenelle sinä olet ollut poika, kuten Jeesus oli poika minulle?" Tähän asiaan kuului niin paljon muutakin, että seisoin pitkän aikaa yrittäen löytää vastauksen. Häkellyin täysin Herran kysymyksestä ja yritin keksiä, miten vastaisin siihen. Päässäni pyöri samanaikaisesti kaksi asiaa, ikään kuin kaksi CD-levyä olisi pyörinyt vinhaa vauhtia vastakkaisiin suuntiin. Kävin läpi kaiken, mitä suinkin saatoin ajatella, ja yritin löytää vastauksen, joka sopisi kumpaankin asiaan. Mitä sanoisin? Se oli hyvin intensiivinen hetki. Tiesin, että Herra pystyi näkemään sydämeni, mieleni ja tunteideni liikkeet. Valonheittimen tavoin hän tutki sisintäni nähdäkseen, miten reagoisin hänen kysymykseensä.

Miettiessäni vastausta kysymykseen: "James, kenen poika sinä olet?" ajattelin välittömästi, että oli keksittävä jokin nimi, ja ensimmäisenä mieleeni tuli isäni nimi. Aioin yksinkertaisesti sanoa Herralle: "Olen Bruce Jordanin poika." Heti kun tämä ajatus tuli mieleeni, tajusin, etten voisi sanoa sitä, koska olin lakannut olemasta poika isälleni jo aikoja sitten. Tietysti olin syntynyt hänen pojakseen, mutta en ollut ollut hänelle poika samalla tavoin kuin Jeesus oli poika isälleen. Minun oli siis pyyhittävä tämä vastaus mielestäni ja keksittävä nopeasti toinen.

Seuraava mieleeni tullut henkilö oli yksi sen seurakunnan vanhimmista, jossa pelastuimme. Hän oli varsin merkittävä mies. Hänen nimensä oli Ken Wright. Hän oli vaeltanut Hengessä monta vuotta, ja juuri hän oli myös kastanut minut. Muistan nähneeni kerran hänen kahden vuoden matkaohjelmansa. Hän matkusti ympäri maailmaa kaksi kokonaista vuotta eikä viipynyt samassa paikassa enempää kuin neljä päivää. Hän kävi yli sadassa eri maassa. Kun hän puhui, joimme hänen sanojaan, ja Henki virtasi hänestä yllemme. Hänellä oli suuri vaikutus meihin, ja hänellä oli jonkinlainen isänsydän meitä kohtaan.

Herran esittäessä kysymyksen: "James, kenen poika sinä olet?" mieleeni tuli yhtäkkiä, että voisin sanoa olevani Ken Wrightin poika, mutta taaskin samalla hetkellä kun se juolahti mieleeni, tiesin, etten voisi sanoa niin. Vaikka olin haalinut itselleni Keniltä kaiken, mitä suinkin voin, minulla ei todellakaan ollut ollut pojan sydäntä häntä kohtaan. Jeesus sanoi Isälle: "Teen mielelläni sinun tahtosi." Minä sen sijaan en ollut koskaan yrittänyt miellyttää Keniä, vaan halusin ottaa häneltä kaiken, mikä miellytti minua. Niinpä tajusin: "En voi sanoa Herralle tätäkään. Mitä minä sitten sanon? En voi vastata Bruce Jordan. En voi vastata Ken Wright. Kenen poika siis voin sanoa olleeni?"

Ainoa henkilö, jota saatoin enää ajatella, oli Neville Winger. Kutsuimme häntä Nev-sedäksi. Hän omisti menestyvän autoliikkeen Uudessa-Seelannissa, mutta myi kaiken ostaakseen maatilan Uuden-Seelannin rannikolla sijaitsevalta saarelta. Maatila oli vanha ja ränsistynyt ja käsitti 800 eekkeriä vuoristoista maata ja kaunista, kivikkoista rantaviivaa. Hän muutti sinne vaimonsa Dotin kanssa. He olivat monen vuoden ajan ottaneet katulapsia kotiinsa. Nuoret olivat Nevin ja Dotin sydämellä, ja he toivat heitä kotiinsa ja koettivat auttaa heitä. Nev etsi paikkaa, jonne he voisivat viedä nämä lapset pois kaduilta ja huolehtia heistä omassa kodissaan. Hän halusi myös saada konferenssi- ja herätyskeskuksen Uuteen-Seelantiin ja osti tämän maatilan voidakseen toteuttaa näkynsä.

Nev oli poikkeuksellinen mies, oikea kansakunnan hengellinen isä. Kun hän saarnasi, tunsin todella yhteyttä häneen ja ajattelin, että olisi hienoa mennä hänen perustamaansa raamattukouluun. Niin me menimmekin. Jollakin tavoin Nevillä kuten Kenilläkin oli eräänlainen isänsydän meitä kohtaan. Hän profetoi meille yksityiskohtaisesti, ja sillä on edelleen merkitystä kaikkien näiden vuosien jälkeen.

Niinpä ajattelin, että sanoisin Herralle: "Olen Nev Wingerin poika." Mutta ollessani siinä Herran valonheittimen alla tajusin jälleen, etten voi sanoa niin. Tosiasiassa en ollut koskaan ollut sydämessäni poika hänelle. Olin vain ottanut, en antanut. Todellinen poika, sellainen kuin Jeesus, on aina aidosti kiinnostunut isänsä asioista. En ollut koskaan ollut kiinnostunut isäni asioista enkä myöskään Ken Wrightin tai Nev Wingerin asioista. En ollut ikinä miettinyt, miten voisin olla siunaukseksi näille miehille tai auttaa heitä. Minulla oli täydellinen orvon sydän. Kiemurtelin ja kamppailin, vaikka minun olisi pitänyt yksinkertaisesti sanoa: "Herra,

en ole kenenkään poika enkä edes *halua* olla kenenkään poika."
En voinut myöntää tätä, koska käynnissä oli jotakin muutakin.
Sulkiessani sydämeni isältäni olin kokonaan menettänyt pojan
sydämen.

## LAPSEUDEN HENKI

Millainen on pojan sydän? Jotta ymmärtäisimme sen, aloitamme
Galatalaiskirjeen 4. luvun jakeista 4 ja 5, joissa sanotaan näin:

*Mutta kun aika oli täyttynyt, Jumala lähetti tänne Poikansa.
Naisesta hän syntyi ja tuli lain alaiseksi lunastaakseen lain alaisina
elävät vapaiksi, että me pääsisimme lapsen asemaan (meidät adop-
toitaisiin lapsiksi,* engl. NKJV-käännös).

Uudestisyntymisessä meistä tulee Jumalan poikia ja tyttäriä
adoptoinnin kautta. Jumala menee kuitenkin vielä pitemmälle.
Adoptio on vasta ensimmäinen askel. Paavali jatkaa:

*Ja koska tekin olette Jumalan lapsia, hän on lähettänyt meidän
kaikkien sydämiin Poikansa Hengen, joka huutaa: "Abba! Isä!"*

Koska olet laillisesti Jumalan lapsi, hän on antanut sinulle
Poikansa Hengen. Hän on vuodattanut sydämeemme hengen, joka
huutaa: *"Abba! Isä!"* Adoptoitu lapsi ei huuda: "Abba! Isä!" Inhi-
millinen sydämemme ei huuda: "Abba! Isä!" Mutta Pojan Henki
meissä huutaa: "Abba! Isä!"

Hänen Poikansa Henki vuodatetaan sydämiimme. Sulkiessani
sydämeni isältäni menetin pojan sydämen, ja kun Pyhä Henki
vuodatettiin minuun, sisimmässäni ei ollut vastaanottavaista pojan
sydäntä. Koska olin sulkenut sydämeni poikana, Pyhä Henki ei

voinut tuoda lapseutta esiin minussa. Tämä oli elintärkeä asia, jonka Herra paljasti minulle esittäessään tuon kysymyksen. Hän etsi sydäntä, joka olisi avoin lapseudelle.

Jeesus koki tämän, kun Pyhä Henki laskeutui hänen ylleen kasteessa. Kun Jumala ilmoitti: *Tämä on minun rakas Poikani, johon minä olen mieltynyt,* lapseuden henki laskeutui hänen ylleen. Sinä hetkenä koko maailmalle julistettiin, että Jeesus on Jumalan Poika. Ennen sitä hän oli ollut Jeesus Nasaretilainen, Joosefin ja Marian poika, mutta nyt hänet oli julistettu Jumalan Pojaksi. Sama Pyhä Henki, joka tuli Jeesuksen ylle, saa meissä aikaan lapseuden.

Monet kristityt tuntevat Pyhän Hengen adoptoinnin kautta mutta eivät ole vielä kokeneet häntä lapseuden henkenä. Voimme siis olla täyttyneet Pyhällä Hengellä, mutta emme silti elä pojan elämää. Kun Pyhä Henki vuodatetaan sellaisen ihmisen sydämeen, jolla ei ole pojan sydäntä omia vanhempiaan kohtaan, Henki ei voi toimia hänen elämässään lapseuden henkenä. *Jumalan Hengen on löydettävä vastakaikua sisimmässäsi, jotta kokisit lapseuden hengen todellisena elämässäsi.*

Sulkiessani sydämeni isältäni menetin pojan sydämen. Sulkiessani sydämeni omalta isältäni minulla ei enää ollut pojan sydäntä ketään isähahmoa kohtaan — ei myöskään Jumalaa.

## SUHTAUTUMINEN ISÄÄN

Tämä oli minulle iso ongelma. Elämääni oli tullut monia ihmisiä, joilla oli jonkinlainen isänsydän minua kohtaan, mutta en osannut suhtautua siihen millään tavalla. En tajunnut, että ellei ihmisellä ole pojan sydäntä omaa äitiään ja isäänsä kohtaan, hänellä ei ole pojan sydäntä ensinkään. Sen vuoksi hänellä ei voi olla yhteyttä kehenkään isähahmoon, *ei myöskään* Isä Jumalaan! Aivan kuten yhteys Jeesukseen edellyttää hänen tunnustamistaan Herraksi, pojan tai tyttären sydän on ratkaiseva edellytys suhteessamme Jumalaan Isänä.

Jos haluat tuntea Isä Jumalan, on vain yksi ainoa tapa, kuinka voit tuntea hänet. Hän ei suhtaudu sinuun millään muulla tavoin kuin Isänä. Monet meistä ovat tulleet isäksi jossakin vaiheessa elämäänsä, mutta Jumala ei ole koskaan *tullut* Isäksi, hän on *aina* ollut ja on aina oleva Isä. Hän on luonut maailman, mutta luominen ei ole hänen varsinainen luontonsa. Luominen on sellaista, mitä hän tekee, eikä sitä, mitä hän perimmiltään on. Jos isäsi on esimerkiksi insinööri, et suhtaudu häneen hänen ammattinsa perusteella, vaan sen perusteella, mikä hänen identiteettinsä on teidän suhteessanne. Jumala loi maailman mutta ei suhtaudu sinuun Luojana. Hän suhtautuu sinuun Isänä, koska juuri se hän on. Isyys on hänen olemuksensa ydin. Jeesus tuli ilmoittamaan, että Jahve on Isä.

Luullakseni yli 90 prosenttia meistä länsimaalaisista on sulkenut sydämensä omilta vanhemmiltaan. Olemme puhuneet tästä sivistynein sanakääntein, mutta kokemus läheisestä suhteesta on monille täysin vieras.

Sanoessaan minulle kappelissa: ”James, kenen poika sinä olet?” Herra itse asiassa halusi saada selville sydämeni tilan. Olin sanaton. Minun olisi pitänyt sanoa: ”Herra, en ole kenenkään poika.” Minun oli kuitenkin vaikea sanoa niin, ja kerron miksi.

### KAIKKI MIEHET OVAT JONKUN POIKIA

Siitä lähtien kun tulin uskoon, olin aina halunnut olla Jumalan mies, sellainen kuin voidellut puhujat. Rukoilin jatkuvasti: "Herra, tee minusta Jumalan mies." Yrittäessäni sinä päivänä kappelissa saada mieleeni jonkin nimen, jonka voisin sanoa Herralle, päässäni pyöri toinenkin ajatusketju. Se liittyi silloiseen lempiaiheeseeni. Raamattukoulussa olin tehnyt laajan tutkielman Vanhan testamentin kronologiasta. Tutkiessani Vanhan testamentin voimahahmoja eräs asia ärsytti minua jatkuvasti. Melkein kaikkien näiden sankarien kohdalla mainittiin, kenen poikia he olivat. Joosua oli Nunin poika, Kaleb Jefunnen poika ja Daavid Iisain poika. Jokainen lukemani henkilö esiteltiin jonkun toisen poikana.

Tämä todella suututti minua. Miksei sanottu "Daavid, soturikuningas"? Eikä "Jesaja, suuri profeetta"? Eikä "Kaleb, uskon mies"? Olin niin omahyväinen, että ajattelin: "Miksi nämä kaverit eivät seiso omilla jaloillaan? Mikseivät he ole tosi miehiä? Miksi he tarvitsevat isää turvakseen?" Tämä paljasti sydämeni todellisen tilan suhteessa omaan isääni.

Sinä päivänä kappelissa tunsin Jumalan sanovan: "James, olen kuullut sinun pyytävän, että tekisin sinusta Jumalan miehen. Haluatko olla Jumalan mies? Onko asia näin? No niin, *kaikki* minun mieheni ovat jonkun poikia. Jos siis haluat olla Jumalan mies, James, kenen poika sinä olet?"

### JEESUS OLI EPÄTÄYDELLISEN MIEHEN POIKA

*Tiesin*, mitä vahinkoa isät voivat aiheuttaa. Eivätkö nämä Raamatun sankarit tienneet, mitä vahinkoa isät voivat saada aikaan? Täytyy olla hullu, jos haluaa olla jonkun poika! Tiesin, että Jeesus on Jumalan Poika, mutta saatoin antaa sen hänelle anteeksi, koska hänen Isänsä on täydellinen. Täydelliset isät eivät ole ongelma, mutta epätäydelliset ovat! Sitten tajusin, että Jeesus tunnetaan ikuisesti

Daavidin poikana. Tosiasiassa hänen palvelutyönsä perustuu Daavidin kuninkuuteen, eikä Daavid ollut täydellinen!

Monet aikamme seurakunnat kieltäisivät Daavidia palvelemasta tai olemasta minkäänlaisessa auktoriteettiasemassa seurakunnassa vetoamalla hänen epäonnistumisiinsa. Mutta Jeesus on aivan tyytyväinen siihen, että hänet tunnetaan epätäydellisen miehen poikana. Tämä oli minulle haaste. Jos Jeesus voi olla epätäydellisen miehen poika, minun näkökannassani täytyi olla jotakin vikaa. En halunnut olla epätäydellisen miehen poika, mutta Jeesukselle sen sijaan sopi hyvin, että hänen tiedettiin olevan epätäydellisen miehen poika. En päässyt pakoon tosiasioita. Olin jäänyt ansaan!

En silloin tiennyt, että tuo päivä ratkaisisi koko loppuelämäni. Lopulta minun oli rehellisesti myönnettävä: "Herra, en ole *kenenkään* poika. Enkä edes halua olla. Pelkään sitä. Voisitko auttaa minua?" Sanoessani: "Voisitko auttaa minua?" hänen läsnäolonsa väistyi välittömästi huoneesta ja olin yksin kappelissa. Tunsin, että Herra oli nyt alkanut ratkaista ongelmaani.

## Pojan sydämen löytäminen

Tämän tapauksen jälkeen Herra alkoi tehdä työtä minussa asettaakseen ennalleen pojan sydämen. Kuten kirjoitin edellisessä luvussa, ensimmäinen asia oli se, että pystyin antamaan täydestä sydämestäni anteeksi isälleni. Päästessäni tähän pisteeseen sydämeni oli vapaa, mutta sitten aloin ihmetellä, kuinka saisin takaisin pojan sydämen.

En löytänyt tähän mitään vastausta. Ajattelin ja rukoilin asiaa paljon, mutta mitään ei näyttänyt tulevan esille. Kuinka voi saada takaisin pojan sydämen, jos on kadottanut sen? No, jos on kadottanut jotakin, mistä sen yleensä löytää? Sen löytää sieltä, mihin sen on jättänyt! Eikö totta? Jos voi palata sinne, mihin sen on kadottanut, se on siellä. Näin yksinkertaista se on.

Olin siis kadottanut pojan sydämen. Olin sulkenut sydämeni suhteessani isääni, joten arvelin, että pojan sydämen takaisin saaminen liittyisi jollakin tavoin isääni. En kuitenkaan tarkalleen tiennyt, miten. Mieleeni ei tullut ainoatakaan keinoa, jolla voisin löytää uudelleen pojan sydämen. Jonkin ajan kuluttua aloin käsittää, että oli yksi asia, jonka saatoin tehdä. Olin antanut isälleni anteeksi kaiken, mitä hän oli tehnyt tai jättänyt tekemättä, mutta tajusin, että minäkin olin kohdellut häntä sellaisella tavalla, joka ei ollut oikein. Olin sulkenut häneltä sydämeni. Olisin voinut olla armollisempi ja anteeksiantavaisempi. Olisin voinut olla kiitollisempi ja kunnioittavampi häntä kohtaan. Olin itse tehnyt päätöksen sulkea hänet pois sydämestäni. Silloin mieleeni juolahti, että voisin kirjoittaa hänelle kirjeen ja pyytää anteeksi kaikkea tätä.

Ollessani pikkupoika yksi minulle kuuluva askare oli leikata nurmikko talon ympäriltä. En kertaakaan tehnyt sitä ilman, että isäni joutui kehottamaan minua tekemään sen. En koskaan tehnyt sitä mielelläni enkä koskaan tehnyt sitä hyvin. Yritin välttää pihan nurkkauksia ja jätin huomiotta alueita, jotka olisi pitänyt leikata. Välttelin vastuutani myös viipymällä koulun jälkeen ulkona, kunnes tuli pimeä, ja silloin oli jo liian myöhäistä leikata nurmikkoa. Olin iloinen, jos satoi, ja käytin sitä tekosyynä. Ellei satanut, menin joelle uimaan tai pyydystämään ankeriaita. Lopulta isä alkoi painostaa minua ja esittää erilaisia uhkauksia, kuten etten enää saisi leikkiä, ja silloin aloin vastahakoisesti leikata nurmikkoa. En kertaakaan tehnyt sitä halukkaasti. Ajattelin, että voisin pyytää häneltä anteeksi tätä ja muitakin asioita.

Tässä oli kuitenkin todellinen ongelma. Meidän kotonamme kukaan ei ikinä pyytänyt anteeksi, koska sitä pidettiin heikkoutena. Ei pyydetty anteeksi eikä sanottu: "Rakastan sinua." Nämä olivat heikkouden merkkejä. Minua pelotti pyytää isältäni anteeksi, koska hän saattaisi käyttää sitä minua vastaan seuraavassa väittelyssä.

## KIRJE

Päätin tehdä kirjeluonnoksen nähdäkseni, millainen siitä tulisi, mutta en uskonut voivani oikeasti lähettää sitä. Lopulta sain kirjeessä ilmaistua sen, mitä halusin sanoa. Pyysin isältä anteeksi, etten ollut koskaan leikannut nurmikkoa niin kuin hän olisi halunnut. Pyysin anteeksi, että asenteeni häntä kohtaan oli ollut väärä. Pyysin anteeksi väittelyitämme. Pyysin anteeksi sitä, mitä olin hänelle sanonut. Pyysin anteeksi, etten ollut tehnyt monia niistä kotiaskareista, joita hän oli pyytänyt minua tekemään. Kirjeen lopuksi sanoin: "Pyydän sinulta anteeksi, että kymmenvuotiaana suljin sydämeni sinulta enkä ollut sinulle enää poika." Laitoin kirjeen hyllylle, ja siellä se oli pari viikkoa, kunnes mainitsin siitä Jack Winterille, joka ärähti: "No, sinun olisi parasta lähettää se!" ja lähti saman tien pois!

Nyt minulle tuli paineita! Ostin kirjekuoren ja postimerkin, kirjoitin osoitteen, laitoin kirjeen kuoreen ja panin sen takaisin hyllylle, jossa se makasi kuukauden päivät. Tiesin kirjeen kirjoitettuani, että olin sanonut siinä juuri sen, mitä halusin, mutta en halunnut lukea sitä uudelleen, koska jänistin. Lopulta tiesin, että minun oli pakko lähettää se. Tiesin, että jonakin päivänä Jack kysyisi minulta, olinko lähettänyt sen, ja halusin sanoa hänelle, että olin. Päätin viedä kirjeen "kävelylle". Rauhoittelin itseäni sanomalla, etten oikeasti lähettäisi sitä. Menisin vain kävelylle postilaatikolle päin.

Asuinpaikkamme lähellä tienvarressa oli punainen postilaatikko. Kävelin sen luokse ja pidin kirjettä aukossa ajatellen: ”Jos pudotan tämän, hän saa sen.” Vedin sen nopeasti takaisin ja kävelin tietä eteenpäin. Kuljin kolmisenkymmentä metriä ja tiesin, että minun oli pakko lähettää se. Tulin takaisin, työnsin kirjeen uudelleen aukkoon — ja pudotin sen! Tuntui siltä kuin olisin saanut potkun vatsaani. Itkin koko matkan takaisin, menin suoraa päätä makuuhuoneeseen, makasin vuoteella ja itkin. Pelkäsin isäni reaktiota hänen saadessaan kirjeen.

Sen jälkeen menimme Minnesotan pohjoisosaan leirikeskukseen, jonka Jack Winterin järjestö oli hankkinut. Ajaessamme tähän uuteen keskukseen sanoin Deniselle: ”Kun pääsemme tähän paikkaan, haluaisin todella olla poika sen johtajille.” En ollut koskaan ajatellut tällä tavalla ja olin hämmästynyt, kun sanat tulivat suustani. Se oli ensimmäinen merkki muutoksesta! Ollessamme siellä Jack Winter tuli taas opettamaan Isän rakkaudesta. Olin kuullut hänen puhuvan siitä monta kertaa, mutta en koskaan ollut kunnolla ymmärtänyt sitä. Olin ollut polvillani hänen vierellään, kun hän rukoili ihmisten puolesta, että he kokisivat Isän rakkauden. Olin nähnyt ihmisten itkevän, kun haavat heidän elämässään paranivat. Olin tuntenut voitelun, mutta en ollut ymmärtänyt, mitä oikein tapahtui.

## Isän rakkauden välittyminen

Kuultuani nyt Jackin opettavan Isän rakkaudesta sanoin hänelle: ”Jack, lopultakin ymmärrän, mistä sinä puhut. Rukoilisitko puolestani?” Hän oli odottanut tilaisuutta rukoilla puolestani, joten hän suostui. Hän vei minut pieneen huoneeseen leirikeskuksen takaosaan, ja istuuduin huoneen ainoalle tuolille. Jack polvistui vierelleni ja katsoi minua suoraan silmiin. ”Voitko olla pieni poika, joka tarvitsee rakkautta?" hän kysyi. Ajattelin: "Olen 29-vuotias mies. En ole mikään pikkupoika!" Mutta katsoessani Jackin silmiin tunsin, että hän näki minut sellaisena kuin todella olin. Ulkonaisesti olin hyväkuntoinen, vahva ja kyvykäs, mutta sisältä olin pieni, rakkautta kaipaava poika, koska en ollut ikinä tuntenut isän rakkautta.

Totuus on, että ellet ole ikinä tuntenut isän rakkautta, tarvitset sitä vielä tänäänkin. Niinpä sanoin hänelle: "En tiedä, Jack, mutta voin yrittää." Hän pyysi minua kietomaan käsivarteni hänen kaulansa ympärille kuin pieni poika, joka halaa isäänsä. En ollut eläessäni halannut ketään miestä, mutta laitoin käteni hänen kaulansa ympärille. Minulla oli äärimmäisen kiusaantunut olo, ja halusin paeta huoneesta saman tien, mutta hän kietoi nopeasti kätensä ympärilleni ja piti minua tiukasti kiinni. Hän antoi minulle selvän viestin, etten pääsisi tästä, ennen kuin hän olisi valmis! Sitten hän rukoili hyvin yksinkertaisesti: "Isä, tule nyt ja anna minun käsieni olla sinun kätesi tämän nuoren miehen ympärillä." Sillä hetkellä en enää ollut Jackin sylissä vaan Jumalan. Hän jatkoi: "Vuodata rakkautesi hänen sydämeensä, sillä hän ei ole koskaan tuntenut sellaista Isää kuin sinä." Parin kolmen minuutin kuluttua hän oli valmis, ja nousin seisomaan.

Siitä hetkestä lähtien kaikki tuntui erilaiselta. Aina kun aloin rukoilla, suustani tuli spontaanisti sana "Isä". Tuntui kuin henkeni olisi koskettanut Isää. Todellisuudessa Isä oli koskettanut minun henkeäni.

Muutamia kuukausia sen jälkeen lensimme takaisin Uuteen-Seelantiin ja menimme Denisen äidin luo Taupoon. Tässä kaupungissa asumme nytkin. Viivyimme siellä kaksi viikkoa, mutta en halunnut mennä käymään vanhempieni luona, koska minua pelotti kuulla, kuinka isä oli reagoinut lähettämääni kirjeeseen. Parin viikon kuluttua sanoin vihdoin Deniselle: "Meidän on mentävä käymään siellä. Lähdetään, niin se on tehty." Niinpä hyppäsimme autoon, ajoimme sinne, vietimme iltapäivän vanhempieni luona ja ajoimme takaisin Taupoon. Isä ei sanonut sanaakaan kirjeestä.

Kävimme heidän luonaan uudelleen muutamaa kuukautta myöhemmin, mutta hän ei taaskaan sanonut siitä mitään. Kävimme siellä jälleen muutaman kuukauden kuluttua, eikä hän vieläkään maininnut sitä. Kului viisi vuotta. Olin nyt 35-vuotias, eikä isä ollut koskaan maininnut kirjettä. Aloin ihmetellä, oliko hän edes saanut sitä. Eräänä päivänä kysyin äidiltäni: "Kun olimme Yhdysvalloissa muutama vuosi sitten, kirjoitin isälle kirjeen. Tiedätkö, saiko hän sen?" Äiti sanoi: "Voi, kyllä! Kyllä hän sai sen! Hänellä on se vieläkin tallella. Hän pitää sitä yöpöytänsä laatikossa!" Tämän kuullessani tajusin, että kirje oli kallisarvoinen isälleni. Se oli liian kallisarvoinen otettavaksi esille väittelyssä. Isäni ei olisi ikimaailmassa kyennyt sanomaan: "Annan sinulle anteeksi, poikani." En ollut koskaan kuullut hänen sanovan: "Olen pahoillani" tai: "Rakastan sinua" tai mitään sen tapaista. Hän ei ikinä puhunut tällä tavoin, mutta ymmärsin, että kirje oli hänelle arvokas. Niinpä oletin, että hän oli antanut minulle anteeksi. Vuodet kuluivat, ja eräänä päivänä päätin sanoa isälleni, että rakastan häntä.

En tuntenut sydämessäni minkäänlaista rakkautta isääni kohtaan, mutta ajattelin, että jos sanoisin niin tahdonvoimani avulla, Jumala kunnioittaisi sitä antamalla minulle rakkaudentunteita. Aivan kuten rakentaja kaataa sementtiä puiseen muottiin, rakkaudenjulistukseni toimisi muottina, johon Jumala voisi kaataa varsinaista ainetta. Sanoisin sanat: "Rakastan sinua" ja luottaisin siihen, että Jumala antaisi minulle rakkaudentunteita isääni kohtaan. Totta puhuen olisin mieluummin kiivennyt Mount Everestille. Tämä oli minulle suunnaton ponnistus. Mutta kaikissa niissä väittelyissä, joita olin käynyt isäni kanssa, hän oli opettanut minulle yhden asian: sanomaan asioita, joita toisen voi olla vaikea kuulla. Tosiasiassa se oli silloin ollut minulle hyvin helppoa. Niinpä päätin sanoa hänelle, että rakastan häntä.

### "Rakastan sinua, isä!"

Käydessämme seuraavan kerran heidän luonaan odotin tilaisuutta sanoa sen. Olin toivonut, että isä menisi keittiöön ja minä menisin hänen perässään, hakisin lasillisen vettä ja sanoisin: "Muuten, isä, rakastan sinua" ja tulisin takaisin olohuoneeseen. Mutta hän ei mennyt keittiöön, enkä saanut tilaisuutta olla hänen kanssaan kahden kesken. Lopulta olimme lähdössä kotiin, ja luulin jo menettäneeni tilaisuuteni. Mutta isällä oli erityinen tapa. Kun hänellä oli vieraita, hän seisoi aina keittiössä, jonka kautta vieraiden oli poistuttava talosta. Hän seisoi selkä jääkaappiin päin ja kätteli ihmiset heidän mennessään ulos. Isäni ei opettanut minulle monia asioita, mutta ollessani nelivuotias hän opetti minulle, kuinka kätellään. Muistan sen vieläkin sanasta sanaan. Hän sanoi: "Kun kättelet miestä, otat lujan otteen, ei mitään vetelää meininkiä. Puristat pari kolme kertaa ja sitten päästät irti. Miestä ei pidä koskettaa liian pitkään!"

Ollessamme lähdössä kättelin siis isääni — luja ote, pari kolme puristusta, sitten irti — ja kävelin ovesta ulos. Hän kätteli toiset ja lähdimme pois. Tullessani talon kulmaukseen ajattelin: "Nyt teen sen!" Katsoin taaksepäin perheeni ohi ja sanoin: "Hei sitten, äiti ja isä. Rakastan sinua, isä!" ja kävelin ripeästi kulman taakse. Denise ja lapset tulivat nopeasti perässäni, hyppäsimme autoon ja ajoimme tiehemme! Ei kuulunut huutoa eikä rysähdystä, joten olin selvinnyt siitä!

Seuraavalla kerralla käydessämme heidän luonaan päätin tehdä saman uudelleen. Sanoisin taas: "Rakastan sinua." Kätellessäni isää jääkaapin luona tein kuten ennenkin — luja ote, pari kolme puristusta — mutta tällä kertaa en päästänytkään irti, ja hän katsahti minuun. Katsoin häntä suoraan silmiin ja sanoin: "Rakastan sinua, isä", päästin irti ja menin ulos. Päästyäni pihalle katsoin taloon päin ja näin isän yhä seisovan siinä katselemassa kättään. Isäni ei ollut ikinä kuullut kenenkään lausuvan näitä sanoja hänelle, ei varsinkaan kenenkään miehen. Äitini oli sanonut hänelle näin, ennen kuin he menivät naimisiin ja hiukan sen jälkeenkin, mutta sitten hänkin oli lakannut. Rohkeuteni kasvoi, ja päätin tehdä samoin ensi kerralla.

Ollessamme lähdössä isäni ojensi kätensä puristaakseen kättäni ja vaikutti mielestäni hiukan epävarmalta! Tällä kertaa en kuitenkaan tarttunut hänen käteensä vaan pujotin käteni hänen kainaloonsa, halasin häntä ensi kertaa elämässäni ja kuiskasin hänen korvaansa: "Rakastan sinua, isä." Hän nyökäytti päätään melkein huomaamattomasti, mutta tuntui kuin olisin halannut puuta. Jokainen lihas hänen ruumiissaan oli jännittynyt. Sen jälkeen käytin tilaisuutta hyväkseni joka kerta käydessämme siellä ja sanoin: "Rakastan sinua, isä."

Kolme vuotta myöhemmin isäni soitti minulle eräänä iltana. Yleensä äitini soitti aina kaikki puhelut. Tämä oli toinen kerta koko elämäni aikana, kun isäni soitti minulle. Hän sanoi: "Teidän lähellänne olevassa kaupungissa on rugby-ottelu, ja olen tulossa katsomaan sitä. Voisinko olla yötä teidän luonanne?" Ja hän lisäsi: "Minulla olisi asiaa sinulle." Isä ei ollut koskaan aikaisemmin ollut yötä luonamme. Hän oli käynyt meillä ainoastaan pari kertaa, ja olimme nyt olleet naimisissa jo 18 vuotta. Hän tuli ottelun jälkeen, ja Denise valmisti hyvän aterian. Syötyämme isä sanoi: "Haluaisin sanoa sinulle jotakin." Denise meni puuhailemaan toisaalle ja jätti meidät kahden.

Istuimme siinä koko illan, eikä hän saanut asiaansa sanotuksi. Hän palasi aiheeseen yhä uudelleen sanoen: "Olen tullut, koska haluan sanoa sinulle jotakin. Haluan sanoa sinulle tämän." Näin tehdessään hän katsoi minuun yrittäen epätoivoisesti saada sanoja ulos, mutta ei pystynyt siihen. Niinpä hän alkoi uudelleen puhua rugbysta tai jostakin muusta. Juuri sinä iltana hän sanoi minulle: "En ole koskaan kuullut kenenkään sanovan näitä sanoja minulle, lukuun ottamatta äitiäsi." Hän sanoi myös: "Sikäli kuin ymmärrän, miehet eivät sano tällaisia sanoja toisilleen." Jossakin vaiheessa hän sanoi: "Sodan aikana ei ystävystytä kenenkään kanssa, sillä kun kaverisi kuolevat, et pysty enää hoitamaan tehtäviäsi." Kaikki nämä asiat tulivat ilmi hänen istuessaan siinä kanssani.

Olen perheemme nuorin lapsi. Veljeni on tiedemies, ja vanhempani osallistuivat ylpeinä kaikkiin hänen valmistujaisjuhliinsa. Hän on ensimmäinen sukumme jäsen, joka on opiskellut yliopistossa — luultavasti Aadamista lähtien! Sisareni oli töissä televisiossa, ja vanhempani katsoivat joka torstai televisio-ohjelman lopputekstit vain nähdäkseen hänen nimensä niissä. He olivat hyvin ylpeitä hänestä. Minulla olisi ollut perheemme parhaat edellytykset akateemisiin opintoihin, mutta halusin ainoastaan tulla kauriinmetsästäjäksi ja elää vuorilla erakkona. En ollut tehnyt mitään, mitä vanhempani olisivat halunneet, eikä isäni ollut minusta ylpeä. Hän tunsi, että olin pettänyt hänet. Uskoon tultuani tilanne paheni entisestään. Uskosta tuli uusi väittelyn aihe. Mutta istuessaan sinä iltana meillä rugby-ottelun jälkeen isä sanoi: "On vielä muutakin, mitä minun on sanottava sinulle."

Hän kävi hyvin vakavaksi. Näistä asioista oli kovin vaikea

puhua, mutta hän sanoi minulle: "Joskus voi tulla aika, jolloin vain toinen meistä, äitisi tai minä, on elossa." Siinä kaikki, mitä hän sanoi. Hän katsoi minuun aivan kuin sanoakseen: "Ole kiltti ja ymmärrä, mitä olen sanomassa. Älä pakota minua sanomaan kaikkea!" Olin järkyttynyt siitä, että hän pyysi tätä minulta. Olin hänen nuorin poikansa, se poika, joka ei ollut pystynyt täyttämään hänen odotuksiaan. Sanoin hänelle vain: "Isä, jos tulee sellainen aika, että jäät yksin, voit tulla asumaan luoksemme." Hänen hartiansa rentoutuivat silminnähden, ikään kuin paino olisi nostettu pois hänen yltään, mutta hän ei ollut vieläkään sanonut sitä, mitä varten hän oli tullut.

Tunnit kuluivat, ja lopulta oli miltei keskiyö. Hän otti asian uudelleen esille. Hän sanoi: "Olen tullut, koska haluan sanoa sinulle tämän." Hän pääsi lähelle, mutta ei pystynyt sanomaan sitä. Lopulta hän sanoi: "Tahdon sinun tietävän" ja katsoi minuun anovasti: "Ole kiltti ja auta minua sanomaan se!" En voinut auttaa häntä mitenkään. Saatoin ainoastaan istua ja odottaa, ja lopulta... Hän ei koskaan sanonut sitä mutta pääsi hyvin lähelle. Vaivoin hän puristi suustaan sanat: "Haluan sinun tietävän, että äitisi ja minä rakastamme kaikkia teitä lapsia." Vastasin: "Minäkin rakastan sinua, isä." Hän nyökkäsi aivan kuin myöntääkseen, mitä oikeastaan halusi sanoa.

### "RAKASTAN SINUA, POIKANI!"

Vuodet vierivät, ja vihdoin eräänä päivänä isäni sanoi minulle sanat: "Rakastan sinua, poikani!" Se tapahtui vuonna 2001. Hän oli ollut sairaalassa kuusi tai seitsemän vuotta. Diabetes oli vienyt häneltä toisen jalan, ja hänen näkönsä oli pahasti heikentynyt. Hän ei pystynyt katsomaan televisiota. Hän näki vain ikkunasta tulevan valon, eikä ikkunan takana ollut mitään kiinnostavaa. Hänellä oli ollut useita pieniä halvauksia, ja hänen lyhytkestoinen muistinsa oli mennyt, mutta pitkäkestoinen toimi vielä. Menin katsomaan häntä, koska olimme lähdössä pitkälle matkalle Eurooppaan. Ensi kertaa elämässäni kykenin keskustelemaan hänen kanssaan niin, ettei hän alkanut väitellä. Kaikki väittelynhalu oli lähtenyt hänestä.

Kerroin hänelle, miltä minusta oli tuntunut pikkupoikana, kun aina riitelimme. Hän vain kuunteli ja ymmärsi eikä väittänyt vastaan. Puhuessamme hän pyysi kolmesti anteeksi. Isäni ei ollut ikinä pyytänyt anteeksi keneltäkään. Sinä päivänä hän sanoi kolme kertaa: "Rakastan sinua, poikani!" Kun olin menossa ovesta ulos, hän sanoi: "Niin, muuten!" Käännyin ympäri, ja hän sanoi: "Tiedäthän, että olen aina rakastanut sinua!"

Muistan, että lähdettyäni sairaalasta menin käymään äitini luona ja kerroin hänelle, mistä olimme puhuneet ja mitä isä oli sanonut. Äiti sanoi: "Aina kun lähdit ulos ovet paukkuen, tiedätkö mitä isäsi teki? Hän meni makuuhuoneeseen ja pani oven lukkoon. Hän ei päästänyt minua sisään, koska hän itki."

Vähän myöhemmin olimme Englannissa ja lopettelimme pitkää kokoussarjaa. Oli menossa viimeinen kokous, ja rukoilimme viimeisten ihmisten puolesta. Eräs seurakuntalainen tuli luokseni ja sanoi: "James, sinulle on puhelu Uudesta-Seelannista. Se on veljesi." Tiesin, mistä oli kyse, tietenkin. Olin miettinyt, mitä tekisin, jos isä kuolisi ollessani ulkomailla. Pitäisikö minun peruuttaa konferenssit? Pitäisikö minun palata kotiin? Onko sillä mitään merkitystä? Mitä minun pitäisi tehdä?

Menin puhumaan veljeni kanssa, ja hän kertoi, että isä oli kuollut puoli tuntia sitten. Hän oli vaatinut, että tulisin kotiin pitämään hänen hautajaisensa. Lensin Uuteen-Seelantiin, ja

Denise jäi Englantiin. Hautajaiset olivat seuraavana päivänä. Olin hämmästynyt siitä, että isäni halusi minun hoitavan hautajaiset. Hän oli aina väitellyt kanssani, ja olin saanut sen vaikutelman, että hän oli vahvasti kristinuskoa vastaan.

Muistan, kuinka seisoin edessä puhumassa. Hautajaisissa oli melko paljon väkeä. Katselin ympäri huonetta ja mietin, onko siellä ketään, joka vilpittömästi rakasti isääni. Hän oli väitellyt kaikkien kanssa. Katsellessani arkkua ajattelin: "Ehkä hän halusi minun hoitavan hautajaiset, koska tiesi, että minulla oli pojan sydän häntä kohtaan ja olin hänelle todellinen poika."

## Pojan sydän

Tällaista oli elämä isäni kanssa. Kun katson sitä taaksepäin, ihanin hetki minulle oli se, kun pudotin kirjekuoren postilaatikkoon. Miksi? Siksi, että tehdessäni niin Jumala antoi minulle takaisin pojan sydämen. Se avasi minulle oven, jonka kautta saatoin oppia tuntemaan taivaallisen Isäni.

Uskon, että useimmat meistä ovat menettäneet pojan sydämen omaa isäänsä tai äitiänsä kohtaan. Kuinka sen saa takaisin? Sen löytää siitä paikasta, jonne sen on kadottanut.

Totuus on se, ettet voi todella tuntea Isää, ellei sinulla ole pojan tai tyttären sydäntä. Voit saada kosketuksen häneltä. Voit saada kokemuksen hänen rakkaudestaan. Voit jopa tuntea, että hänen rakkautensa koskettaa sydäntäsi ja tunteitasi. Mutta sinulla ei voi olla läheistä suhdetta häneen Isänä, ellei sinulla ole pojan sydäntä. Monet kyllä kohtaavat taivaallisen Isän, mutta vain ne, joilla on pojan tai tyttären sydän, voivat elää isäsuhteessa hänen kanssaan. Kun opit tuntemaan hänet Isänä ja hänen rakkautensa alkaa koskettaa ja täyttää sydäntäsi, sama rakkaus parantaa ajan mittaan jatkuvasti sydäntäsi. Rakkautta virtaa koko ajan olemuksesi perustukselle, kunnes se täyttää kaikki siellä olevat aukot. Kun aukot ovat täyttyneet, se alkaa nousta korkeammalle ja johtaa sinut paikkaan, jossa voit uida hänen rakkaudessaan kuin suunnattoman suuressa valtameressä.

Koska monet meistä ovat sulkeneet sydämensä omalta isältään tai äidiltään ja menettäneet pojan tai tyttären sydämen, ehkä sinunkin täytyisi kirjoittaa kirje jommallekummalle tai molemmille vanhemmillesi. Kenties puhelinsoitto tai keskustelu kasvokkain sopisi sinulle paremmin. Jätän sen sinun päätettäväksesi, mutta on kaksi asiaa, jotka tiedän varmasti. Ensimmäinen on se, että ellei sinulla ole pojan sydäntä vanhempiasi kohtaan, jotka Jumala on sinulle antanut, sinulla ei voi olla todellista yhteyttä Jumalaan omana Isänäsi, ja olet koko elämäsi ajan kiinni orvon tavoissa ja näkemyksissä.

Toinen asia on tämä: jos sinulla on jonkinlainen kristillinen palvelutehtävä, sinulla on jatkuvasti edessäsi muuri, joka haittaa tehokkuuttasi, sillä ollaksesi Jeesuksen kaltainen sinun tulee ensin olla sydämeltäsi poika. Ellei sinulla ole pojan sydäntä, kykysi puhua ja toimia kaikesta sydämestäsi kuten Jeesus on rajallinen. Heprealaiskirje 1:1 sanoo, että muinoin Jumala puhui profeettojen kautta, mutta nyt hän on puhunut Poikansa kautta. Hän haluaa edelleenkin puhua poikien kautta! Tämä ilmestys Isästä ja hänen rakkaudestaan on ratkaisevan tärkeä seurakunnan tulevaisuudelle, samoin meidän omalle henkilökohtaiselle elämällemme.

LUKU 5

# Jumala on Todellinen Isämme

~

Nuorena uskovana aloin rukoilla Herralta, että hän antaisi minun nähdä asiat samalla tavalla kuin hän. Tahdoin todella ymmärtää elämää sillä tavoin kuin Jumala sen ymmärtää. Sananlaskut 14:6 sanoo: *Ymmärtävälle tieto aukeaa.* Monet etsivät tietoa, mutta ymmärtävälle tieto tulee helposti. Halusin elää elämääni sellaisella tavalla, joka olisi mahdollisimman lähellä Jumalan tapaa elää. Jos näkee kaiken Jumalan näkökulmasta, löytää todellisen ja kestävän rauhan elämäänsä. Tieto voi tuoda mukanaan hämmennystä, mutta ymmärrys antaa rauhan, koska silloin voi nähdä Jumalan tarkoituksen kaiken takana.

## ELÄMÄN TARKOITUS

Ollessani kaksitoistavuotias perheeni muutti pois pienestä maaseutukaupungista, jossa olin kasvanut. Minusta oli ollut hienoa asua siellä enkä olisi halunnut muuttaa pois. Keskellä sisäistä myllerrystäni minulle tuli palava halu tietää, mistä elämässä oikeastaan on kysymys. Muistan, että eräänä iltana menin ulos katselemaan tähtiä. Mielessäni pyörivät opettajan kertomukset siitä, että avaruus jatkuu loputtomiin. Sen äärilaidalla ei ole suurta tiilimuuria. "Vaikka olisikin", opettaja oli sanonut, "mitä luulet sen takana olevan?" Tämä sai nuoren mieleni täysin paniikkiin, sillä ajattelin, että vaikka kaiken olemassa olevan takana *olisikin* jotakin, niin mitä sitten olisi *sen* takana? *Senhän on pakko jatkua loputtomiin!*

Muistan kysyneeni vanhemmiltani, mikä on elämän tarkoitus. Mistä tässä kaikessa on kysymys? Keitä me oikein olemme ja mitä me täällä teemme? Mitä tämä kaikki tarkoittaa? Miksi olen elossa? Miksi ajattelen ja olen tietoinen? Ollessani nuori poika nämä kysymykset raastoivat mieltäni. Eräs mies sanoi minulle: "Älä niitä murehdi. Kun tulet vanhemmaksi, ne eivät enää vaivaa sinua niin paljon." Se oli hyödyttömin vastaus, minkä ikinä olin kuullut. Se ei tyydyttänyt minua tippaakaan. Ajattelin itsekseni: "Tämä vanha mies on ilmeisesti itsekin nuorena kysynyt näitä asioita, ja nyt hän on vanha eikä ole *vieläkään* löytänyt vastauksia." Koko asia kuohutti mieltäni suuresti. Eivätkä nämä kysymykset ole yhtään helpompia nyt kuin silloin.

Koulussa minulle opetettiin, että evoluutio on vastaus näihin kysymyksiin. Monille meistä on opetettu, että olemme ilmestyneet maapallolle eriskummallisten sattumien loputtoman ketjun tuloksena. Kaiken takana ei ole minkäänlaista tarkoitusta. Elämä on vain sääolojen aikaansaannosta yhdistettynä mineraalien kemiallisiin reaktioihin, ja vähitellen näiden eriskummallisten sattumien ketjun keskeltä tulimme me ihmiset. Sitä paitsi aika kuluu, ja maa jatkaa kiertokulkuaan auringon ympäri pyörien samalla akselinsa ympäri. Ajan kuluessa tämä kaikki lopulta hidastuu. Aurinko menettää kuumuutensa, ja kaikki maan päällä kuolee. Lopputulos on se, ettei tällä kaikella ole kerrassaan mitään tarkoitusta.

Tämän kaiken huomioon ottaen ihmettelin, mitä järkeä oli edes käydä koulua. Kyselin: "Miksi minun pitäisi oppia ansaitsemaan enemmän rahaa? Siksikö, että saisin lapsia, joilla ei myöskään ole vastauksia tähän kysymykseen? He ovat kyllä saaneet koulutuksen, mutta he ovat joutuneet kamppailemaan läpi elämänsä selviytyäkseen taloudellisesti — ja elämänsä päättyessä he eivät vieläkään ole löytäneet sen tarkoitusta. Ja lopulta aurinko kylmenee ja kaikki häviää, eikä lopputulokseksi jää yhtään mitään." Minun oli vaikea motivoida itseäni mihinkään. Mielestäni oli kyseenalaista, oliko toisilla oikeus sanoa minulle, mikä on oikein ja mikä väärin tai miten minun tulee elää elämääni.

Joitakin vuosia sitten uutisissa kerrottiin, että Uudessa-Seelannissa itsemurhien määrä on kehittyneiden maiden suurin. Yhtäkkiä televisioruudut olivat täynnä ihmisiä, jotka lausuivat mielipiteitään asiasta. Poliitikot antoivat haastatteluja ja ilmaisivat näkemyksiään. Monet psykiatrit ja psykologit esittivät erilaisia teorioita asiasta. En väitä, että minun mielipiteeni olisi yhtään pätevämpi kuin heidän, mutta uskon, että jos teini-ikäisille opetetaan, ettei heidän elämällään ole mitään tarkoitusta ja että elämä on vain biologinen tapahtuma vailla mitään arvoa, miksi pitkittää kärsimystä? Ymmärrän täysin, että nuoret tekevät itsemurhia, jos he uskovat kehitysopin olevan totta. Miksei hoidettaisi asiaa heti? Miksi odottaa elämän luonnollista loppua?

## OLEMME KAIKKI JUMALAN SUKUA

Nyt haluan käsitellä asiaa, joka on tuonut minulle valtavan rauhan. Se on antanut minulle ennennäkemättömän kyvyn pitää sydämeni tyynenä joutuessani kohtaamaan erilaisia ongelmia elämässäni. Vuosien mittaan olen saanut jonkin verran lisää ymmärrystä ja oppinut näkemään asioita hyvin erilaisesta näkökulmasta. Elämässäni oli aika, jolloin luulin ymmärtäväni täysin, mitä evankeliumi on. Se näytti minusta hyvin loogiselta, mutta silti omasta elämästäni puuttui uskottavuus. Näin, että elämässäni ei ollut riittävää auktoriteettia ja voimaa olla siunaukseksi kohtaamieni ihmisten elämälle. Jos olin ymmärtänyt evankeliumin oikein, miksei tapahtunut tämän enempää? Miksen nähnyt sellaista hedelmää ja tehokkuutta, mikä Jeesuksella oli? Niinpä vietin aikaa kahden kesken Herran kanssa. Annoin hänelle takaisin kaiken, mitä minulle ikinä oli opetettu, ja pyysin häntä puhdistamaan ymmärrykseni ja avaamaan sydämeni ottamaan vastaan lisää opetusta. Pyysin, että ne totuudet, jotka oli annettu minulle, siivilöitäisiin hänen rakkautensa ja perspektiivinsä seulan läpi. On sanomattakin selvää, että hän alkoi opettaa minulle paljon lisää.

Yksi muutos ymmärryksessäni alkoi tapahtua lukiessani Paavalin sanomaa Ateenan filosofeille Apostolien tekojen luvussa 17. Uskon, että jos voit ymmärtää jotakin siitä, mitä kirjoitan tässä luvussa, se voi saada aikaan valtavan muutoksen elämäntavoissasi ja suhteessasi Jumalaan. Lukiessasi tätä kiinnitä huomiota siihen, että Paavalin kuulijoiden joukossa ei ollut ainuttakaan kristittyä. Puheessaan Paavali sanoi:

*Jumala, joka on luonut maailman ja kaiken, mitä siinä on, hän, joka on taivaan ja maan Herra, ei asu ihmiskäsin tehdyissä temppeleissä. Häntä ei myöskään palvella ihmiskäsin, ikään kuin hän tarvitsisi jotakin — itse hän antaa kaikille elämän, hengen ja kaiken muun. Yhdestä ihmisestä hän on luonut koko ihmissuvun, kaikki kansat asumaan eri puolilla maan päällä... (Jakeet 24–26)*

Tämä lause on hyvin mielenkiintoinen: *Yhdestä ihmisestä hän on luonut koko ihmissuvun, kaikki kansat asumaan eri puolilla maan päällä.* Maan asuttaminen oli itse asiassa Eedenin puutarhassa annettu käsky. Ihmiskunnan oli tarkoitus levittäytyä ja asuttaa koko maapallo. Apostoli jatkaa:

*...hän on säätänyt niille määräajat ja asuma-alueiden rajat.*

Haluan liittää tähän pienen sivuhuomautuksen. Paavali sanoo tässä jotakin mielenkiintoista: Jumala on ennalta päättänyt, missä ja milloin syntyisimme. Kuulumme eri kansoihin ja kulttuureihin. Kansakuntien perustajat ja asuttajat eivät ole välttämättä tietoisesti tehneet Jumalan tahdon mukaan, mutta keskellä tätä kaikkea sinunkin syntymäaikasi ja -paikkasi oli osa hänen suunnitelmaansa koko ihmiskuntaa varten. Ei ole erehdys, että minä olen uusiseelantilainen ja sinun kansallisuutesi on se, mikä on. Se ei ole erehdys, koska *Jumala* on päättänyt sinulle määrätyt ajat ja tarkat asuinpaikat. Hän teki näin, jotta ihmiskunta etsisi häntä.

Paavali sanoo sen jälkeen toisen mielenkiintoisen asian: hän lainaa ei-kristittyä kreikkalaista runoilijaa. Meidän on ymmärrettävä, että Paavalilla oli loistava äly. Hän oli opiskellut Gamalielin oppilaana. Tämä oli tietyn fariseusten ryhmän johtava oppinut. Paavali oli oman aikansa huipputason opiskelija. Hän sanoo edistyneensä pitemmälle kuin useimmat ikätoverinsa (Gal. 1:14). Toisessa kohdassa (2. Kor. 11:5) hän toteaa, ettei katso olevansa "mitenkään huonompi" kuin muut. Hän oli kasvanut Tarsoksen kaupungissa, joka oli yliopistokaupunki Rooman valtakunnassa. Epäilemättä hän oli päässyt uskonnollisen tutkistelun ja tiedon huipulle.

Saavuttaessaan kahdentoista vuoden iän hän oli jo oppinut ulkoa suuret osat viidestä Mooseksen kirjasta. Tätä odotettiin yleensä hänen asemassaan olevalta pojalta. Hän oli lahjakas nuori poika, ja koska hän kasvoi yliopistokaupungissa, oletan hänen ja hänen perheensä tutustuneen moniin Rooman valtakunnan kulttuureihin. Epäilemättä hän oli joutunut tekemisiin erityisesti Kreikan kulttuurin kanssa, joka oli sen ajan hallitseva kulttuuri. Hän oli hyvin todennäköisesti oppinut kreikkalaisen runoilijan Aratoksen kirjoittaman runon ja pystyi muistamaan sen. Aratos oli asunut Paavalin kotikaupungissa Tarsoksessa. Tässä raamatunkohdassa Paavali puhui Ateenan kaupungin johtaville kreikkalaisille filosofeille. Tiedämme, että nämä kreikkalaiset halusivat innokkaasti välttää loukkaamasta ketään jumalaa. He olivat hyvin uskonnollisia filosofeja ja halusivat ottaa kaikki mahdolliset asiat huomioon. Niinpä he olivat rakentaneet alttarin "tuntemattoman jumalan" kunniaksi.

Kuullessaan Paavalin saarnaavan kaupungissa nämä filosofit pyysivät häntä puhumaan heille. Puheessaan Paavali siteeraa juuri tätä kreikkalaista runoilijaa. Minusta on huvittavaa, että joku kreikkalainen runoilija on saanut ainakin yhden säkeen runostaan tallennetuksi Raamatun sivuille. Olen varma, ettei hän arvannut kirjoittavansa raamatunjakeita laatiessaan näitä säkeitä. Kaiken lisäksi Paavali siteeraa sitä totuutena, siten että se on käytännössä Jumalalta tullutta viisautta. Se on Jumalan innoittama Raamatun sana ja siis Jumalan Hengen antama. Jossakin vaiheessa Jumalan Henki puhalsi sen ylle, mitä tämä kreikkalainen runoilija oli kirjoittanut, ja Paavali käytti sitä voittaakseen nämä kreikkalaiset filosofit. Hän sanoi:

*Hänessä* (hän tarkoitti juutalaisten Jumalaa) *me elämme, liikumme ja olemme. Ovathan muutamat teidän runoilijannekin sanoneet: "Me olemme myös hänen sukuaan."*

Jakeessa 29 hän jatkaa: *Koska me siis olemme Jumalan sukua...*

Olin lukenut tämän kohdan monta kertaa, ennen kuin todella huomasin sen. Tämän huomatessani jouduin pulmalliseen tilanteeseen, koska Paavali puhui *täysin ei-kristitylle* yleisölle ja sanoi heille: "Olemme Jumalan sukua. Olemme Jumalan lapsia." Minulle oli näet opetettu, että tulin Jumalan lapseksi *tullessani kristityksi*. Minusta tuli hänen lapsensa sillä hetkellä, kun synnyin uudesti, ja ellemme ole uudestisyntyneitä, emme voi päästä Jumalan valtakuntaan. Ja se on aivan totta. Lukiessani tätä siinä näytti kuitenkin olevan ongelma, koska Paavali sanoi näille kreikkalaisille filosofeille: "Koska me siis olemme Jumalan lapsia, koska olemme hänen sukuaan, koska olemme tulleet hänestä, koska olemme hänen lapsiaan..." Minun ongelmani oli se, etten voinut ymmärtää, kuinka ihmeessä Paavali saattoi sanoa, että nämä ei-kristityt kreikkalaiset olivat Jumalan lapsia!

Tahdon tässä kohtaa todeta hyvin selvästi, ettemme voi koskaan kokea mitään Jumalan lapsille tarkoitetuista eduista, ellemme ole syntyneet uudesti. Tämä on ehdotonta eikä anna mitään sijaa vastaväitteille. Mutta Paavalin sanoissa täytyy olla jotakin enemmän, jos tämä kerran on Jumalan innoittamaa sanaa ja todella totta. Minulle oli aina sanottu, että ennen kristityksi tulemistani vaelsin pimeydessä. Minulle itse asiassa sanottiin, että Saatana oli minun isäni, koska kuljin hänen teitään. Mutta Paavali sanoo tässä, että me *kaikki* — siis *nekin*, jotka eivät ole "syntyneet uudesti" — olemme Jumalan sukua. Tämä hämmästytti minua, koska minulle oli aina opetettu, että olemme syntyneet Jumalan Hengestä ja että Jumalan Hengestä syntyminen on ovi Jumalan lapseuteen. Mutta Paavali sanoo jotakin muuta, ja se kuulostaa sellaiselta, mitä emme pitäisi perinteisen kristinopin mukaisena. Se kuulostaa oikeastaan jonkinlaiselta universalismilta. Niinpä yritin saada tästä selvää, ja Herra alkoi antaa minulle ymmärrystä.

Miettiessämme tätä on ehdottoman tärkeää ymmärtää jotakin: kun Jumala alussa loi Aadamin ja Eevan Eedenin puutarhaan, hänen tarkoituksensa oli, että he *eivät* tekisi syntiä. Teologit ovat kautta vuosisatojen kiistelleet siitä, tiesikö Jumala etukäteen, että Aadam ja Eeva lankeaisivat syntiin. Asiasta ei ole minkäänlaista yksimielisyyttä. Tiedämme kuitenkin, että Jumalan suunnitelma Aadamia ja Eevaa varten oli *todellinen*. Hänen tarkoituksensa oli, että he *eivät* tekisi syntiä, joten ymmärtääksemme, että jokainen ihminen maan päällä on Jumalan lapsi, meidän on ymmärrettävä, mitä tarkoittaa sana *lunastus*.

## LUNASTUS

Lunastus tarkoittaa oikeastaan 'ostaa takaisin'.

Minulla on rannekello, jonka olen saanut joululahjaksi. Se on ostettu minulle, joten en voisi mitenkään sanoa, että se on lunastettu. Se on ostettu, ei lunastettu. Kun Jeesus osti meidät maksamalla hinnan, hän osti meidät *takaisin*, hän *lunasti* meidät. Rannekelloni ostamista ei voida kuvailla sanalla "lunastus" siitä yksinkertaisesta syystä, että lunastaa voi vain sellaista, mitä on aikaisemmin omistanut. Kun Jeesus lunasti meidät ristinkuolemansa kautta, hän osti takaisin sen, minkä Jumala oli aikaisemmin omistanut. Jeesus ei ostanut meitä. Hän osti meidät takaisin!

Sen vuoksi kristinuskoa voidaan todellakin kuvata sanalla "lunastus", kun ymmärrämme, että *ennen* kuin olimme syntisiä, me *tosiasiallisesti kuuluimme* Jumalalle. Se ei tapahtunut meidän elinaikanamme vaan juontaa juurensa esivanhempiemme Aadamin ja Eevan aikaan. Kun he elivät täällä maan päällä, jokainen meistä oli heissä, koska me kaikki olemme lähtöisin heistä. Koko ihmissuku oli Aadamissa ja Eevassa ja kuului ennen syntiinlankeemusta Jumalalle. Mikä oli Jumalan tarkoitus meidän suhteemme? Hänen tarkoituksensa oli, että Aadam ja Eeva eivät koskaan tekisi syntiä vaan lisääntyisivät, kuten hän oli käskenyt. He lisääntyisivät ja täyttäisivät maan ja ottaisivat sen valtaansa. Tämä oli Jumalan antama käsky heille. Hänen tarkoituksensa oli (ja se oli aivan todellinen suunnitelma), että ihmiskunta täyttäisi maapallon ja ettei Aadam, ei Eeva eikä kukaan muukaan ikinä tekisi syntiä.

## ALKUPERÄINEN SUUNNITELMA

Kuvittele, millainen maailma olisi, jos Aadam ja Eeva eivät olisi langenneet syntiin. Voitko kuvitella, millainen oma elämäsi olisi? Se olisi hyvin erilainen verrattuna siihen, mitä olet kokenut. Jos Aadam ja Eeva eivät olisi tehneet syntiä, he eläisivät vielä tänäkin päivänä! Voisit mennä heidän kotiinsa ja koputtaa ovelle, ja Aadam tulisi avaamaan ja kutsuisi sinut sisään. He olisivat tähän mennessä eläneet jo todella kauan, mutta olisivat edelleen elämänsä kunnossa. Uskon, että jos Aadam astuisi huoneeseen tänään, hänen ulkomuotonsa saisi kaikki lankeamaan välittömästi maahan palvomaan häntä. Luulisimme häntä Jumalaksi, koska hänet oli luotu Jumalan kuvaksi.

Jos synti ja kuolema eivät olisi tulleet maailmaan, Aadam ja Eeva olisivat katselleet Jumalaa kasvoista kasvoihin joka päivä tuhansien vuosien ajan. Ilmestyksellä ei olisi ollut mitään rajaa, vaan he olisivat saaneet nähdä täydellisen ilmestyksen kaikesta siitä, mitä Jumala on. Kun Mooses tuli alas vuorelta, hänen kasvonsa olivat niin täynnä Jumalan kirkkautta, että kansan valtasi suuri pelko. Mooseksen täytyi peittää kasvonsa, jotta he olisivat kestäneet katsoa häntä hänen oltuaan vuorella vain neljäkymmentä päivää.

Aadam ja Eeva olisivat vaeltaneet Jumalan kanssa *tuhansia* vuosia. Kaiken lisäksi jokainen ihminen, joka koskaan on syntynyt, olisi elossa vielä tänäkin päivänä: sinun vanhempasi, isovanhempasi, isoisovanhempasi ja niin edelleen! Joka ikinen ihminen olisi yhä elossa, koska ei olisi olemassa sellaista asiaa kuin kuolema.

Meidän on hyvin vaikea käsitellä kuolemaa, koska meitä ei ole luotu käsittelemään sitä. Minkä tahansa hylkäämisen, yksinäisyyden tai trauman käsitteleminen on meille vaikeaa, koska meissä ei ole sisäänrakennettuja voimavaroja siihen. Meitä ei ollut suunniteltu sellaista maailmaa varten, jossa tänään elämme. Meidät suunniteltiin maailmaan, jossa Aadam ja Eeva eivät olleet langenneet syntiin.

Mieti toista suurta eroavuutta. Jokainen ihminen, jonka kanssa ikinä olisit ollut tekemisissä koko elämäsi aikana, olisi osoittanut *pelkästään* rakkautta, hyväksyntää ja ihailua sinua kohtaan. He olisivat täynnä ihailua siitä, kuinka ihmeellisen kaunis sinä olet ja kuinka jännittävää on olla kanssasi. He riemuitsisivat siitä uskomattomasta lahjasta ja rikkaudesta, mikä maailmaan on tullut sen vuoksi, että sinä olet täällä. Tunne, että jokainen meistä on tervetullut syntyessään tähän maailmaan, vahvistaisi elämäämme suuresti, ja sillä olisi valtava vaikutus meihin.

Emme voi edes kuvitella sitä iloa, jota olisimme tunteneet, jos Aadam ja Eeva eivät olisi tehneet syntiä. Sitä on vaikea käsittää, mutta juuri *tämä on* sitä elämää, jota Jumala suunnitteli meidän elävän. Kuvittele, millainen Aadam oli, kun hänet luotiin. Hän oli aikuinen mies, jolla oli täydet voimavarat mielen, tunteiden, sydämen ja tahdon alueella ja lisäksi täydellinen kyky ymmärtää ja ajatella. Älykkyydeltään hänen on täytynyt olla huimasti meitä korkeammalla tasolla. Tutkimusten mukaan käytämme vain kymmenisen prosenttia aivojemme kapasiteetista. Aadamin mielen ja älyn kapasiteetti toimi sataprosenttisesti. Tullessaan tähän maailmaan hän sai välittömästi vastaanottaa ja kokea Jumalan rakkauden koko täyteydessään, kun se vuodatettiin hänen olemukseensa ilman minkäänlaisia esteitä.

Tunne, että hän on ihmeellinen ja rakastettu, täytti hänet läpikotaisin hänen elämänsä ensi hetkellä, koska heti tullessaan tietoiseksi hän katsoi suoraan Isä Jumalan silmiin. Silmät ovat sielun peili, ja Aadamin avatessa silmänsä ja katsoessa Isä Jumalan kasvoihin Isän persoona täytti Aadamin sielun. Jumala *on* rakkaus, ja hänen tarkoituksensa on, että jokainen Aadamin ja Eevan poika ja tytär täyttyisi samalla rakkaudella, samalla ilmestyksellä, samalla todellisuudella elämänsä jokaisena päivänä kautta historian ja ikuisuuden.

Meidät on luotu tällaista elämää varten. *Meidät suunniteltiin niin, että luonnollinen syntymämme olisi ovi täydelliseen kokemukseen Jumalasta omana Isänämme.* Tarkoitus oli, että syntymämme ohjaisi meidät suoraan siihen siunaukseen, jossa tunnemme Jumalan Isänä ja olemme hänen poikiaan ja tyttäriään. Meillä ei edes olisi sanaa "turvallisuus", koska meillä ei olisi minkäänlaista kykyä tajuta muuta kuin täydellistä rauhaa ja turvallisuutta. Pelon käsitettä ei olisi olemassakaan.

Äitisi ja isäsi eivät olisi sellaisia ihmisiä, joina sinä heidät tunnet. He olisivat olleet sinulle hyvin erilaisia vanhempia. Heidän vanhempansa (sinun isovanhempasi) olisivat olleet itse niin täynnä Isä Jumalan rakkautta, että heidän rakkautensa sinun vanhempiasi kohtaan olisi ilmentänyt täydellisesti Jumalan rakkautta ylittäen kaiken sen, mitä koskaan olet kokenut. Haluan toistaa tämän vielä kerran. *Luonnollinen syntymämme olisi ollut meille ovi kaikkeen siihen siunaukseen, jota*

*Jumala Isänämme merkitsee*, niin että voimme tuntea hänen läsnä-olonsa, hänen huolenpitonsa, hänen rakkautensa, hänen hoivansa ja hänen johdatuksensa, joka vie kaikkiin niihin siunauksiin, jotka hänen sydämessään ovat meitä varten.

## TOINEN SYNTYMÄ

Mutta kuten varsin hyvin tiedämme, Aadam ja Eeva lankesivat syntiin. Koska näin kävi, Jumalan täytyi suunnitella *toinen syntymä* voidakseen johtaa meidät tuntemaan rakkautensa ja kokemaan, että hän on meille Isä. Lähettäessään Jeesuksen kuolemaan puolestamme Isä avasi oven, ja Jeesuksesta tuli tuo ovi. Jeesus ei avannut ovea, hän *on* ovi.

Isä Jumala avasi meille oven, jonka kautta voimme tulla takaisin hänen luokseen: tulla *ostetuiksi takaisin*, jotta voisimme jälleen saada kaiken sen, minkä Aadam ja Eeva menettivät. *Tätä tarkoittaa lunastus!* Kun Jumala lähetti Poikansa maailmaan, hänen tarkoi-tuksenaan oli *lunastaa* kaikki se, mikä oli menetetty Aadamin ja Eevan synnin takia. Itse asiassa hän on lunastanut *enemmänkin* kuin oli menetetty. Sen sijaan että olisimme Aadamin tavoin Jumalan poikia ja tyttäriä, olemme (Kristuksessa) tulleet osaksi Jumalan omaa elämää. Miten ihmeellinen asia! Uudestisynty-misen kautta voimme tuntea hänet Isänämme samalla tavoin kuin Aadam ja Eeva olisivat tunteneet, ellei syntiinlankeemusta olisi koskaan tapahtunut. Kun ymmärrämme tämän, näemme väläh-dykseltä sen, mitä kristittynä oleminen todella tarkoittaa. Se antaa meille käsityksen kohtalostamme ja Jumalan työstä elämässämme.

Lunastuksen täysi ymmärtäminen on ratkaisevan tärkeää, jotta voisimme tehokkaasti palvella muita. Jumalan perimmäinen tarkoitus on palauttaa sinun elämäsi ja minun elämäni sellaiseksi kuin *se olisi ollut, elleivät Aadam ja Eeva olisi tehneet syntiä*. Se on Jeesuksen ristin tarkoitus ja lunastuksen tarkoitus. Se on kristityksi tulemisen tarkoitus. *Kaiken* sen tarkoitus, mitä Jumala tekee elämässämme, on palauttaa meidät takaisin Aadamin ja Eevan alkuperäiseen, synnittömään tilaan. Meidän kannattaa todella mietiskellä sitä, millaista elämämme olisi ja mitä ajattelisimme itsestämme, jos olisimme syntyneet sellaiseen maailmaan. Jumala haluaa meidän tuntevan rakkautensa, koska rakkaus laskee syvälle sisimpäämme perustan, joka tuo sieluumme täyden turvan.

Kun tiedät, että Jumala rakastaa sinua, ei ole mitään ongelmaa uskoa Jumalaan huolenpitäjänä. Usein joudut ponnistelemaan, jotta uskoisit hänen pitävän huolta aineellisista tarpeistasi. Voit pitää kiinni Jumalan lupauksista, harjoittaa uskoasi ja luottaa Jumalaan niin lujasti kuin pystyt. Voit lausua myönteisiä tunnustuksia ja henkilökohtaisia vahvistuksen sanoja saadaksesi tämän totuuden sisääsi. Mutta ellet todella tunne sydämessäsi, että Isä Jumala rakastaa sinua, sinun on hyvin vaikea pitää kiinni siitä, että hän huolehtii sinusta. Kun syvälle sisimpääsi on laskettu sellainen perusta, että Jumala on Isäsi ja että hän rakastaa sinua, sinun ei ole vaikea uskoa, että hän pitää sinusta huolta tämän elämän aikana. Rakkaus on uskon perusta. Itse asiassa rakkaus on *kaiken* kristillisen elämämme perusta. Kaikessa on kyse Isä Jumalan rakkauden kokemisesta ja siinä elämisestä.

Monet esittävät, että tämän voi omaksua puhumalla itselleen jatkuvasti totuutta. Et koskaan pysty vakuuttamaan itseäsi tällä tavoin. Mutta kun hänen rakkautensa täyttää henkesi ja *tiedät*, että hän rakastaa sinua, Raamatusta tulee aivan eri kirja. Meidät on valittu jo ennen maailman perustamista. Me emme valinneet häntä, vaan hän valitsi meidät elämään tätä ihmeellistä elämää, joka on ikuista ja on jo alkanut! *Tätä on* ikuinen elämä meille, tässä ja nyt! Jumalan tarkoitus, suunnitelma ja johdatus elämällemme on lunastaa meidät, jotta elämämme olisi kaikkea sitä, mitä hän on suunnitellut sen olevan — *ennen* syntiinlankeemusta. "Kadotettu paratiisi" on saatu takaisin Kristuksessa!

## HÄN HEDELMÖITTI SINUT

Profeetta Jeremia kirjoittaa:

*Minulle tuli tämä Herran sana: "Jo ennen kuin minä valmistin sinut äidin kohdussa, minä sinut tunsin, ja ennen kuin sinä äidistä synnyit, minä sinut pyhitin; minä asetin sinut kansojen profeetaksi"* (Jer. 1:4, vuoden 1933 suomennos).

Emme voi tämän perusteella olettaa, että meidät kaikki olisi asetettu kansojen profeetoiksi. Yleisesti se on totta, ja jonkun kohdalla se saattaa olla erityisen totta, kuten Jeremian kohdalla. Uskon kuitenkin, että jakeen alkuosa soveltuu meille jokaiselle, koska siinä puhutaan Jeremian luomisesta. *Jo ennen kuin minä valmistin sinut äidin kohdussa, minä sinut tunsin.* Minun oli todella vaikea ymmärtää tätä. Mitä Herra oikein tarkoitti? *Kuinka* hän saattoi tuntea Jeremian, ennen kuin tämä oli äitinsä kohdussa? Jos asiaa tarkastelee puhtaasti biologiselta kannalta, Jeremiaa ei todellisuudessa ollut olemassa, ennen kuin hän oli äidin kohdussa. Tässä ei myöskään tarkoiteta jälleensyntymistä. Se ei kuulu raamatulliseen käsitykseen ihmiselämästä. Kuinka Herra siis saattoi tuntea Jeremian, ennen kuin hän oli äitinsä kohdussa? Ja voit olla aivan varma siitä, että hän *todellakin tunsi* Jeremian.

On olemassa vain yksi vaihtoehto, joka mahdollistaa tämän väitteen paikkansapitävyyden. Jo kauan ennen kuin Jeremia oli äidin kohdussa, Jumala kuvitteli mielessään, millainen persoona

Jeremiasta tulisi. Hän suunnitteli Jeremian koko persoonallisuuden, hänen fyysisen olemuksensa, hänen henkiset ominaisuutensa, hänen tunne-elämänsä, hänen hengellisen rakenteensa, hänen lahjansa ja kykynsä. Jumala saattoi sanoa jo kauan ennen kuin Jeremia oli äitinsä kohdussa: "Tiedän täsmälleen, millainen tästä ihmisestä tulee."

Rakas lukija, uskon, että sama koskee meitä jokaista. Kauan, kauan sitten Jumala kuvitteli *sinut* mielessään ja sydämessään. Hän teki sinusta sen ainutlaatuisen ihmisen, joka sinä olet, omine luontaisine erityispiirteinesi. Äitisi ja isäsi tuskin tiesivät, olisitko poika vai tyttö, mutta *hän* tunsi sinut pienintä yksityiskohtaasi myöten. Hän tiesi, kuinka pitkä olisit, kuinka painava olisit (muutama kilo sinne tai tänne). Hän tiesi, mikä olisi hiustesi väri, hän tunsi persoonallisuutesi ja kykysi. Hän on antanut meille jokaiselle tiettyjä taitoja, joita muilla ei ole. Joidenkin toisten taitojen suhteen hän taas on rajoittanut meitä. Hän suunnitteli *täsmälleen*, millainen ihminen sinä olisit. Hän tunsi sinut. Sinun on ymmärrettävä, että hän on sinun *todellinen* Isäsi, koska *hän* hedelmöitti sinut mielessään ja sydämessään jo ennen luonnollista hedelmöittymistäsi.

Vielä ihmeellisempää on, että hän on luonut jokaisen meistä rakkaudessa, koska hän *on* rakkaus. Päättäessään tehdä sinut hän siis ajatteli mielessään: "Kuinka voin tehdä hänestä kerta kaikkiaan rakastettavan?" *Hän suunnitteli jokaisen meistä täydellisessä rakkaudessa.* Joku voi tuntea, että hän on erehdys ja ettei hänen pitäisi olla täällä maan päällä. Tämä on minulle hyvin henkilökohtainen asia. Äitini on kertonut minulle: "Kun isäsi ja minä menimme naimisiin, halusimme ensin saada pienen pojan. Kun veljesi syntyi, olimme hyvin mielissämme. Sitten ajattelimme, että olisi ihanaa saada pieni tyttö, ja niin sisaresi syntyi. Olimme kovin iloisia ja päätimme, ettemme hankkisi enempää lapsia. Sitten huomasimme, että sinä olit tulossa." Pienen tauon jälkeen hän jatkoi: "Mutta kun *sinä* tulit, toit oman rakkautesi mukanasi." Toisin sanoen: "Yhdeksän kuukauden ajan emme oikeastaan halunneet sinua!"

Monilla on samanlaisia kokemuksia, ja he tuntevat jatkuvasti, ettei heidän itse asiassa pitäisi olla täällä. Voi olla, että heidän vanhempiensa oli raskauden takia *pakko* mennä naimisiin, ja sen vuoksi he tuntevat olleensa ongelma aivan alusta lähtien. Ihmeellinen tosiasia on, että Jumala on rakkaudessaan pannut alulle jokaisen meistä jo ennen kuin edes olimme äidin kohdussa. Sinä olet TODELLISEN ISÄSI rakkauden hedelmä!

Jumalan silmissä ei-toivottuja lapsia ei ole olemassakaan, sillä jokainen tähän maailmaan syntynyt lapsi on Jumalan, meidän Isämme, rakastama ja toivoma. Siksi hän voi Henkensä kautta sanoa Paavalin suulla Apostolien teoissa, että me *kaikki* (olkoonpa kyseessä kristitty tai ei) olemme hänen sukuaan. Hän saattoi sanoa näin, koska alkuperäisessä suunnitelmassaan ihmiskuntaa varten hän suunnitteli joka ikisen meistä.

Olen usein ihmetellyt: "Missä vaiheessa hän oikein suunnitteli minut? Oliko se viisi minuuttia ennen kuin sain alkuni?" Sanoiko hän yllättyneenä: "Voi ei! Tässä tulee vielä yksi! Nopeasti, tehdään vielä yksi!" Kauanko aikaa sitten hän oikein suunnitteli minut? Oliko se muutamaa hetkeä ennen kuin synnyin? Oliko se vuosia ennen? Itse asiassa uskon, että hän suunnitteli jokaisen meistä ennen kuin hän teki maailmankaikkeuden ensimmäistäkään atomia, koska hän ei ollut tavoittelemassa *maailmankaikkeutta*, vaan *hän halusi saada perheen*. Hänen tarkoituksensa ei ollut saada ihanaa luomakuntaa. Ennemminkin hän teki tämän luomakunnan paikaksi, jossa me voimme elää. Katselemme tähtiä ja kuvittelemme niiden jatkuvan loputtomiin. Tiedätkö, miksi hän loi kaiken tällä tavoin? Ei siksi, että maailmankaikkeuden valtavuus saisi meidät epätoivoisiksi ajatellessamme omaa olemassaoloamme, vaan että voisimme katsella sitä huudahtaen: "Vau!" ja että koko olemuksemme olisi täynnä ihmetystä häntä kohtaan. Hän loi maailmankaikkeuden antaakseen meille käsityksen siitä, millainen Isä meillä todella on. Eikö hän olekin suurenmoinen!

### LUOTU HÄNEN KUVAKSEEN

Monet tuntevat koko elämänsä ajan, etteivät he kuulu minnekään tai ettei heidän olisi pitänyt edes syntyä. Jotkut tuntevat olevansa siinä määrin ulkopuolisia, etteivät tunne olevansa kotonaan edes omassa kodissaan. He tekevät koko elämänsä työtä ja säästävät rahaa maksaakseen asuntolainansa, jotta voisivat omistaa oman kodin. Viimein he saavat kodin omakseen, mutta elävät yhä ikään kuin eivät kuuluisi tähän maailmaan. Yksinkertainen ja selvä totuus on, että olemme taivaallisen Isämme lapsia.

Kauan, kauan sitten hän päätti saada sinut, ja *hän oli odottanut tuhansien vuosien ajan sitä päivää, jona sinä tulisit tähän maailmaan.* Ainoa varjopuoli oli se, että hän tiesi syntiinlankeemuksen estävän sinua saamasta kaikkia hänen isyytensä suomia siunauksia syntyessäsi tähän maailmaan. Hän rakastaa meitä edelleen Isän rakkaudella, mutta ellemme synny uudesti, emme voi koskaan hyötyä siitä, että hän *on* todella Isä meille. Hän lähetti Jeesuksen kuolemaan puolestamme, jotta voisimme syntyä uudesti ja jotta *toinen syntymämme* johtaisi meidät kaikkeen siihen siunaukseen, mitä Jumalan isyys meille antaa.

Katsotaan myös psalmin 139 jaetta 16. Englanninkielinen NIV-käännös sanoo asian näin:

*Sinun silmäsi näkivät muotoutumattoman ruumiini.*

Kauan sitten, jo ennen kuin ruumiisi oli muotoutunut äidin kohdussa, Jumala näki sen. Hän tiesi jo ennen maailman luomista, miltä fyysinen kehosi näyttäisi. Sinä et ole evoluution tulos ja sen vuoksi jokin luonnonoikku, jonka olemassaololla ei ole mitään tarkoitusta. Vanhempasi eivät tienneet, olisitko poika vai tyttö, tai ainakaan heillä ei ollut siinä asiassa mitään sananvaltaa. Mutta jo kauan sitten, kun Jumala päätti sinulle määrätyt ajat ja tarkat asuinpaikkasi, *hän* tiesi, miltä sinä näyttäisit.

Tiedän, että joillakin on synnynnäisiä epämuodostumia, kuten sokeutta, kuuroutta ja pahempaakin. Avatessaan oven synnille ja tullessaan alttiiksi Saatanan tuhoisalle vaikutukselle ihmiskunta on jollakin tavoin sallinut näiden asioiden tapahtua. Joissakin tapauksissa syy voi olla inhimillinen erehdys lääketieteen alalla, ja ehkä tulevaisuudessa tiedämme enemmän tekemistämme asioista, jotka saavat aikaan seurauksia. Totuus on kuitenkin se, että ennen kuin olit äidin kohdussa, Jumala tiesi, miltä fyysinen kehosi näyttäisi, ja *hän* sanoo, että meidät on tehty ihmeellisesti.

Tyttäreni työskenteli kansainvälisenä mallina kymmenen vuoden ajan. Olen aina ollut sitä mieltä, että hän on kaunis, jopa aamulla juuri herättyään. Muistan kysyneeni häneltä kerran: "Pitävätkö nämä supermallit itseään kauniina?" Hän vastasi: "Ei yksikään." Joka ikinen heistä sanoisi, ettei ole tyytyväinen johonkin kohtaan itsessään. Polvet ovat liian kuhmuraiset, nenä liian iso tai silmät liian pienet. Tämä on osoitus siitä synnynnäisestä tunteesta, että jotakin on ryöstetty pois Jumalan uskomattomasta luomistyöstä meissä.

Se, joka on itse kauneus, ei voi luoda mitään rumaa. Taiteilijan sydän ilmenee hänen maalauksissaan, eikä ole olemassa mitään sen kauniimpaa kuin Jumala itse. Kun hän siis loi sinut ja minut, se oli ilmaus hänen omasta luonnostaan. Hän teki meistä kauniita. Monet tuntevat koko ikänsä, etteivät kestä julkista tarkastelua eivätkä koskaan kykene astumaan toisten eteen. He tuntevat syvää häpeää itsestään. He ovat arkoja. He piiloutuvat erottavien verhojen taakse, koska eivät tunne olevansa hyväksyttyjä ulkonäkönsä, harrastustensa tai elämäntapansa suhteen. Jumala on luonut jokaisen meistä ja suunnitellut olemuksemme jokaisen puolen.

Monet ovat sitä mieltä, että Jumala loi miehen omaksi kuvakseen mutta nainen annettiin auttamaan, ikään kuin kaupanpäällisiksi. Hänet luotiin orjaksi, tekemään työtä miehen rinnalla. Nämä ihmiset eivät kuitenkaan huomaa, että *myös* nainen luotiin Jumalan kuvaksi. He eivät huomaa, että feminiinisyys (kuten myös maskuliinisuus) ovat ilmausta Jumalan omasta luonnosta. Myös feminiinisyys kuvaa sitä, mikä Jumala on. Tunnen erään naisen, jolla ei ole ainuttakaan peiliä talossaan, koska hän on vakuuttunut siitä, että hän on ruma, ja peili vain vahvistaisi tätä käsitystä. Tosiasiassa Jumala ei ole koskaan luonut mitään rumaa. Elleivät ihmiset näe, kuinka kaunis sinä olet, se vain osoittaa, mikä ero heidän ja Jumalan välillä on. Jumalan mielestä minä olen kaunis, ja niin olet sinäkin!

Jollakin tavoin nykyinen filmitähti- ja julkkiskulttuuri on luonut sellaisen kauneusihanteen ja käsityksen "hyvännäköisyydestä", ettei kukaan voi yltää sellaiseen. Se riistää meiltä itseluottamuksen ulkonäkömme suhteen. Usein sanotaan: "Jos lato kaipaa uutta maalia, maalaamme sen." Minulla ei ole mitään meikkaamista vastaan. Ollessani haastateltavana televisiossa minulle sanottiin, että minun on käytettävä meikkiä. Ensimmäisellä kerralla en voinut uskoa sitä todeksi! Kesti pitkän aikaa pestä se pois. Yksinkertainen totuus on tämä: Jumala on tehnyt sinusta kauniin, ja jos ihmiset eivät sitä näe, se ei ole sinun ongelmasi vaan heidän.

Jumala itse tuntee minut parhaiten, ja hän myös rakastaa minua eniten. Hän tietää kaikki vikani ja silti rakastaa minua varauksettomasti. Emme voi sanoa: "En rakasta tätä ihmistä, koska hänessä on niin paljon vikoja." Kun emme kykene rakastamaan jotakuta tai ilmaisemaan rakkautta toisia kohtaan, se vain korostaa eroa meidän ja Jumalan välillä. Jumala, Isämme, suunnitteli jokaisen meistä mielessään ja rakkaudessaan ja loi meidät täydellisen rakastettaviksi. *Hän on todellinen Isämme.* Hän on ja on *aina ollut* sinun *todellinen* Isäsi.

Olet ollut vain lainassa vanhemmillasi. He eivät tienneet sinusta mitään, mutta hän tiesi. Hän on hahmotellut mielessään jokaisen ihmisyksilön ainutlaatuiset piirteet. Hän on suunnitellut kaiken meissä. Hän on todellinen Isämme, ja jos otamme vastaan Kristuksen ja vaellamme hänessä, voimme tuntea taivaallisen Isämme koko ikuisuuden ajan.

## ENNALLEEN ASETTAMINEN POJIKSI JA TYTTÄRIKSI

Puhuessamme Jumalasta Isänämme tai Isän rakkauden vastaanottamisesta emme puhu ainoastaan siitä, että Jumala tulee elämäämme ja koskettaa meitä rakkaudellaan ja parantaa tunne-elämämme haavat. Näin kyllä tapahtuu, mutta perimmältään on kysymys siitä, että Jumala palauttaa meidät ennalleen, pojikseen ja tyttärikseen. Hän lunastaa meidät, jotta voimme tuntea hänet Isänämme niin kuin Aadam tunsi hänet, ja vielä enemmänkin: niin kuin Jeesus tunsi hänet.

Isä Jumalan tarkoitus on, että vaeltaisimme hänen kanssaan

ikuisesti hänen omina lapsinaan. Sitä kohti hän meitä vie. Minun kohdallani juuri tämä on ollut kaikkein jännittävintä ymmärtäessäni, että Jumala on Isäni: tietoisuus siitä, että taivaallinen Isäni on suunnitellut sen, millainen olen, ja että olen hänen poikansa. Iankaikkisesta iankaikkiseen olen hänen poikansa. En tietenkään ole Jeesus, mutta on aivan huikea totuus, että "Kristuksessa" hänestä on tullut *minun* Isäni ja olen hänen poikansa nyt ja ikuisesti. Hän on aina tarkoittanut sen olevan näin. Hänen oli lunastettava minut sen vuoksi, mitä tapahtui Eedenin puutarhassa, mutta olen aina ollut hänen poikansa ja olen aina oleva.

Isä on odottanut tuhansia vuosia sitä hetkeä, jona sinä tulit tähän maailmaan. Kun sitten tulit, hän riemuitsi, koska hän oli tuntenut sinut jo kauan ennen kuin olit äitisi kohdussa. Hän on odottanut sitä päivää, jona henkesi saa vihdoin ilmestyksen siitä, että hän on sinun *todellinen* Isäsi. Jokainen rakastava isä odottaa sitä päivää, jona lapsi sanoo ensi kertaa: "Isi!" Samoin Isä Jumala on odottanut tuhansia vuosia, että sinä kohottaisit katseesi hänen puoleensa ja huutaisit sydämesi pohjasta: "Isi!"

# LUKU 6

# Orpouden Henki

~

Kuulin käsitteen "orpouden henki" ensimmäisen kerran vuonna 2002 eräässä konferenssissa Torontossa. Kuulin Herran sanovan sen viisitoista minuuttia ennen kuin minun piti nousta puhumaan. Avasin nopeasti Raamatun, ja siitä nousi esiin jae, jonka olin lukenut monta kertaa aikaisemminkin, mutta silloin kaikki muuttui. Menin lavalle, ja koko sanoma syntyi sitä mukaa kuin puhuin. En tiennyt, mikä sanomani olisi, mutta tämä jae kirkastui minulle yhtäkkiä, ja siitä on tullut tunnetuimpia opetuksiamme Isän rakkauden ilmestyksestä. Voidaan jopa sanoa, että siitä on tullut opetuksen lippulaiva palvelutyössämme: näkemys, johon opetuksemme perustuu.

Jae, joka herätti huomioni, on Johanneksen evankeliumin luvussa 14, jossa Jeesus lausuu viimeisiä sanojaan noin viikkoa ennen ristiinnaulitsemista. Jack Winter sanoi kerran, että ihmisen viimeiset sanat ovat todennäköisesti tärkeimmät hänen lausumistaan sanoista. Lukiessani Torontossa tämän tietyn jakeen tunsin ikään kuin painovoima olisi heilahtanut ja maapallo liikkunut. Kristillinen elämäni ei ole sen koommin ollut samanlainen. Olen saanut monia ilmestyksiä, mutta tämä on merkittävimmin muuttanut näkemystäni siitä, millä tavoin elän omaa elämääni. Siihenastiseen helluntailais-karismaattiseen teologiaani se paljasti yhtäkkiä Isästä ulottuvuuden, jollaista en ollut koskaan ennen nähnyt.

## KUMMALLINEN PIKKU JAE

Ennen kuin kerron, mikä tuo jae on, haluan antaa hiukan taustatietoa. Johanneksen evankeliumi oli ensimmäinen lukemani Raamatun kirja. Olin siis lukenut tämän jakeen monta kertaa ennenkin, mutta en ollut ymmärtänyt sen tärkeyttä. Itse asiassa olin ajatellut, että se on kummallinen pikku jae, jota en oikein ymmärtänyt. Siinä esiintyy sana, jota ei käytetä missään muualla tässä evankeliumissa, ja sana esiintyy ainoastaan yhdessä muussa kohdassa koko Uudessa testamentissa. Tuossa kokouksessa Torontossa se kuitenkin hyppäsi Raamatun sivulta silmiini ja muutti kaiken. Jumala avasi ymmärrykseni näkemään jotakin, mitä en ollut aikaisemmin nähnyt.

Selitän tarkemmin, miksi se vaikutti minuun niin voimakkaasti. Ollessani raamattukoulussa meille annettiin tietty avainsana Johanneksen evankeliumin jokaiseen lukuun. Opettelemalla tämän sanan saattoi muistaa, mistä kyseisessä luvussa puhutaan. Oli myös tietty jae, joka oli avain koko Johanneksen evankeliumin ymmärtämiseen. Tuossa jakeessa (Joh. 20:31) sanotaan: *Tämä on kirjoitettu siksi, että te uskoisitte Jeesuksen olevan Kristus, Jumalan Poika, ja että teillä, kun uskotte, olisi elämä hänen nimensä tähden.* Tämä oli minusta täysin järkeenkäypää, mutta kun Herra avasi silmäni näkemään tuon jakeen Johanneksen evankeliumin 14. luvussa, ymmärsin, että se saattoi olla avainjae *koko Uuteen testamenttiin, kenties jopa koko Raamattuun.* On hämmästyttävää, kuinka "omituisesta pikku jakeesta" tuli yhtäkkiä valtavan merkittävä.

Jae, joka minun kohdallani on muuttanut kaiken, on Johanneksen evankeliumin 14. luvun jae 18. Se on yksinkertainen pieni jae, mutta siihen sisältyy todella paljon. Johannes on kirjoittanut muistiin Jeesuksen sanat:

*En minä jätä teitä orvoiksi, vaan tulen luoksenne.*

Kun tämä näkökulma aukeni minulle, tunsin ensi kertaa elämässäni ymmärtäväni, mikä on ihmiskunnan perusongelma sekä oman elämämme taisteluissa että suhteissamme toisiin ihmisiin, ja samalla myös perusongelma seurakuntaelämässä, kirkkokuntien välisissä kahnauksissa, perheriidoissa ja jopa kansakuntien välisissä sodissa. Näin yhtäkkiä, mikä on ollut ihmiskunnan ongelmien ydin täällä maan päällä kautta historian, ja se sai aikaan täydellisen muutoksen ajattelutavassani.

Joku sanoi minulle kerran: "James, näyttää siltä, että sinun mielestäsi Isän rakkaus on vastaus kaikkiin ihmiskunnan ongelmiin." Uskon näin koko sydämestäni, koska jokainen ongelma juontaa juurensa siitä, että Aadam ja Eeva joutuivat pois Eedenistä eivätkä enää voineet kokea, että Isä rakastaa heitä! Tämän myötä ihmiskunta joutui pois Jumalan täydellisestä huolenpidosta ja menetti läheisen yhteyden häneen.

Kun Jeesus lausui sanat: *En minä jätä teitä orvoiksi, vaan tulen luoksenne,* mistä hän oikein puhui?

## OLEMME KAIKKI ORPOJA

Minun täytyy ensin todeta, että nämä sanat eivät olleet lähtöisin Jeesuksen sydämestä ja mielestä. Hän kyllä lausui ne, mutta ne eivät tulleet *hänen* ajattelustaan tai teologiastaan. Ne tulivat Isältä. Jeesus sanoo: *En minä ole puhunut omissa nimissäni. Isä, joka on minut lähettänyt, on määrännyt, mitä minun tulee puhua ja julistaa, ja minä tiedän, että hänen käskynsä antaa ikuisen elämän. Kun puhun, puhun siis niin kuin Isä on minun käskenyt puhua.* (Joh. 12:49–50) Nämä sanat tulivat siis Isän sydämeltä.

Kun Jeesus sanoi: "En minä jätä teitä orvoiksi, vaan tulen luoksenne", meidän pitää ymmärtää, ettei hän lausunut näitä sanoja orpokodissa! Suurin osa hänen kuulijoistaan ei varmastikaan ollut sananmukaisesti orpoja. Tiedämme, että Pietari ja Andreas olivat paikalla. Jeesuksen kutsuessa heidät opetuslapsikseen he olivat olleet kalastamassa isänsä kanssa, joten tiedämme, että heillä oli isä. Myös Jaakobilla ja Johanneksella oli isä. He olivat Sebedeuksen poikia, jotka tunnettiin nimellä ukkosenjylinän pojat. Tiedämme, että heidän äitinsä oli elossa, koska hän tuli pyytämään Jeesukselta, että hänen poikansa saisivat tulevassa valtakunnassa istua Jeesuksen oikealla ja vasemmalla puolella. Heidän äitinsä oli Jeesuksen seuraaja ja uskoi siihen, että Jeesus oli Messias. Hän rakasti poikiaan ja halusi heidän parastaan. On siis selvää, etteivät he olleet orpoja.

Ainoastaan muutamat Jeesuksen kuulijoista saattoivat olla tosiasiallisesti orpoja, mutta silti Isä sanoi heille kaikille: "En minä jätä teitä orvoiksi, vaan tulen luoksenne." Nämä ovat Jumalan sanoja meille aikojen takaa, ja ne on talletettu kaikkia aikoja varten.

Niinpä päättelemme, että *Isä näkee koko ihmiskunnan orpona. Hän näkee meidät kaikki orpoina.*

## ALKUPERÄINEN ORPOUDEN HENKI

Miksi Jumala näkee koko ihmiskunnan orpona? Ymmärtääksemme koko maailman olevan orpouden tilassa meidän on mentävä takaisin siihen, mistä se on saanut alkunsa. Jesajan kirjan luvussa 14 vedetään ikään kuin verhot sivuun, niin että näemme välähdyksen siitä, mitä tapahtui ennen kuin ihmiskuntaa oli edes olemassa. Tämä on profetia, joka tuli profeetta Jesajan kautta Babylonian kuninkaalle ja koski sen ajan maailmaa. Monia profetioita voidaan kuitenkin soveltaa useammalla kuin yhdellä tavalla, ja niiden tulkinnassa on monia eri tasoja.

Jakeesta 12 eteenpäin on selvää, että on olemassa toinen sovellus, joka menee Jesajan ja Babylonian kuninkaan ajasta paljon kauemmas taaksepäin. Itse asiassa jotkin raamatunkäännökset varustavat tämän jakson otsikolla *Lusiferin lankeemus*. Monet raamatuntutkijat uskovat, että tässä puhutaan Saatanan alkuperästä.

Tämä jakso alkaa sanoilla: *Voi, sinä putosit taivaalta, sinä Kointähti, sarastuksen poika! Alas maahan sinut survaistiin, sinä kansojen kukistaja. Etkö juuri sinä sydämessäsi sanonut...* Sitten seuraa viisi "minä tahdon" -lausetta. Näemme siis, että Lusiferin lankeemus alkoi siitä, että hän päätti sydämessään: "Minä tahdon tehdä nämä asiat."

*Minä tahdon nousta taivaisiin! Minä pystytän (tahdon pystyttää) valtaistuimeni Jumalan tähtiä korkeammalle, minä tahdon istua jumalten vuorella kaukana pohjoisessa...* (Jes. 14:13)

En ole täysin varma siitä, mitä tämä tarkoittaa, mutta ymmärrän kyllä sanat *minä tahdon*. Hän sanoi vielä: *Minä nousen (tahdon nousta) pilviä ylemmäksi*, ja hänen lopullinen päämääränsä oli: *Olen korottava (tahdon korottaa) itseni Korkeimman vertaiseksi.* Lusiferin sydämessä noussut kunnianhimoinen halu oli syrjäyttää kaikkivaltias Jumala, ottaa hänen paikkansa ja tulla lopulta hänen vertaisekseen. Hän ei sanonut: "Tahdon seistä Jumalan rinnalla", vaan: *Tahdon tehdä itseni hänen vertaisekseen!* Saatanan päämääränä ei ollut tulla samanlaiseksi kuin Jumala vaan *syrjäyttää* hänet! Jos kävisi näin, Saatana itse olisi maailmankaikkeuden ylin auktoriteetti.

Uskon, että tämä kunnianhimo kasvoi kasvamistaan Lusiferissa aina siihen pisteeseen asti, että hän todella uskoi onnistuneensa, kun elämän ruhtinas ristiinnaulittiin. Hän ei ymmärtänyt, että oli olemassa (kuten C. S. Lewis sanoo) "suurempi taika", joka johtaisi hänen häviöönsä ja lopulliseen tuhoonsa.

Tärkein asia, jota haluan tässä korostaa, on tämä: kun Lusifer kehitti pimeää ajatustaan syrjäyttää Jumala, hän tosiasiassa tarkoitti: "En halua ketään isäkseni!" Jumala on luonteeltaan isä, ja taivas on aina ollut täynnä hänen isyyttään. Sen vuoksi Lusifer oikeastaan sanoi: "En halua ketään isäkseni, *minä* tahdon olla isä. Kukaan ei saa olla minun yläpuolellani. En ole poika. En ole alamainen kenellekään."

Hesekielin kirjan luvussa 28 on hyvin samantapainen kohta (Hes. 28:12–19). Tällä kertaa Hesekiel profetoi Tyroksen kuninkaalle, ja jälleen kerran profetialla on toinenkin merkitys, joka ulottuu kauemmas kuin siihen ajankohtaan, jona se lausuttiin. Voimme saada tästä lisää ymmärrystä orpouden alkuperästä. Siinä puhutaan Lusiferista seuraavasti:

*Sinä olit täydellisistä täydellisin, täynnä viisautta, itse kauneus. Olit Eedenissä, Jumalan puutarhassa, ja sinua koristivat kalliit kivet.*
Lukiessamme tätä huomaamme, ettei Saatanaa luotu miksikään

inhottavaksi olennoksi. Hänet tunnettiin nimellä Säteilevä. Hän oli täynnä viisautta ja täydellisen kaunis. *Olit Eedenissä, Jumalan puutarhassa, ja sinua koristivat kalliit kivet.* Hän oli uskomattoman kaunis, kaunein kaikista olennoista. Hän oli myös täynnä viisautta, mutta koska hän rakasti omaa kauneuttaan, hänen viisautensa turmeltui. Alun perin hänen paikkansa oli aivan lähellä Jumalan valtaistuinta.

*Kerubiksi minä sinut tein, sädehtiväksi vartijaenkeliksi, sinä olit pyhällä vuorella, käyskentelit välkehtivien kivien keskellä. Moitteen sijaa ei sinussa ollut siitä päivästä, jona sinut loin, siihen päivään, jolloin lankesit pahaan.* (Hes. 28:14–15)

Lankeemuksessa oli kyse sydämen halusta syrjäyttää Jumala ja päästä hänestä eroon. Lusifer halusi sulkea Jumalan pois elämästään, jotta voisi tehdä, mitä itse halusi, ja olla oman elämänsä ylin auktoriteetti. Tämä on kaiken synnin perusta vielä tänäkin päivänä.

Jakeessa 16 sanotaan: *Kun kävit kauppaa kaikkialla, sinä tulit yhä röyhkeämmäksi ja sorruit syntiin.* Sitten tulevat sanat: *Niin minä suistin sinut pyhältä vuorelta, syöksin sinut, vartijakerubini, välkehtivien kivien keskeltä.* Jakeessa 17 sanotaan: *Kauneutesi houkutti sinut korskeuteen.* Huomaa, ettei siinä sanota, että hänen kauneutensa olisi otettu pois. *Loistosi sokaisemana haaskasit viisautesi. Nyt olen syössyt sinut alas.*

Toisissa käännöksissä käytetään sanoja "ajoin sinut pois" tai "heitin sinut maan päälle". Jeesus itse näki Saatanan sinkoutuvan taivaasta kuin salama. Sen on täytynyt olla melko dramaattista! Hänet syöstiin alas, pois Jumalan läsnäolosta, karkotettiin Jumalan vuorelta, pois taivaasta alas maan päälle, ja hän vei enkelinsä mukanaan.

## Ajettu pois Isän rakkaudesta

En tiedä, millainen taivas on. En ole ollut siellä. Tiedän vain sen, mitä Raamattu kertoo: taivaassa ei tarvita aurinkoa eikä kuuta, sillä Jumalan kirkkaus valaisee sen. Jumala täyttää taivaat, ja koska Jumala on rakkaus, taivas on täynnä rakkautta.

Kuvittele, millaista se on. Saamme elää sellaisessa ympäristössä, missä jokainen hengenveto on kuin hengittäisimme sulaa rakkautta. Elämme jatkuvasti täydellisen rakkauden ilmapiirissä. Ei ole mitään mahdollisuutta kokea hylkäämistä, sillä hengitämme joka sekunti sisäämme täydellistä hyväksyntää. Ehdotonta ja kaikkialle levittäytyvää rakkautta.

Taivas ei ole ainoastaan täynnä rakkautta, vaan se on täynnä erityistä ja tietyntyyppistä rakkautta. Se on täynnä isänrakkautta, koska Jumala on Isä. Hänestä on lähtöisin kaikki, mitä on olemassa. Me emme pysty panemaan alulle yhtään mitään. Hän pani alulle pelastuksemme, ja me vain vastasimme kutsuun. Hän pani alulle luomakunnan, ja me tulemme mukaan siihen, minkä hän on meille antanut. Perimmäiseltä olemukseltaan ja luonteeltaan Jumala *on* Isä. Hän ei ole tullut sellaiseksi. Ensisijaisesti, ennen kaikkea muuta ja syvimmässä mielessä hänen rakkautensa on isällistä rakkautta.

Kun Saatana oli hylännyt Jumalan isyyden, hänet heitettiin ulos taivaasta ja ulos kaikesta isällisestä huolenpidosta. Hän *tahtoi* olla isätön. Hänen olemuksensa ydin on *isättömyys*. Hän on orpo ja *tahtoo olla orpo*. Sen vuoksi hänelle ei ole olemassa lunastusta. Hänellä oli täydellinen ilmestys siitä, kuka Jumala on, ja hän päätti hylätä hänet. Kun hänet oli syösty alas maan päälle, hänestä tuli perimmäinen *orpouden henki*.

Apostoli Paavalilla oli ymmärrystä siitä, mistä puhun. Efesolaiskirjeen 2. luvun jakeessa 2 hän kirjoitti: *Ennen te elitte niiden vallassa tämän maailman menon mukaan, totellen avaruuden henkivaltojen hallitsijaa, sitä henkeä, joka yhä vaikuttaa tottelemattomissa ihmisissä.* Toisin sanoen: ennen uskoon tulemista sinussa vaikutti henki, joka johdatti sinua tämän maailman järjestelmän mukaan. Siinä järjestelmässä teit syntiä, elit Jumalan tarkoitusperien ulkopuolella ja tarvitsit sitä, että sinut tehtäisiin eläväksi. Avaruuden henkivaltojen hallitsija kuljetti sinua omilla tottelemattomuuden ja orpouden teillään.

## MAAILMA ON ORPOKOTI

Kun ymmärrämme, että Saatana on orpouden henki, huomaamme, että tämän maailman tavat ovatkin orvon tapoja. Saatana on johtanut harhaan koko maailman. Hän on johtanut meitä oman arvojärjestelmänsä tietä, joten maailman järjestelmä toimii orvon tapojen mukaisesti. Jos synnin määritelmä on "osua harhaan", se tarkoittaa oikeastaan sitä, että sivuutamme Isän ja elämme orvon elämää.

Mieti, millaista orvon elämä on orpokodissa, ja millaista taas on elää hyvässä kodissa rakastavien vanhempien kanssa. Näiden välillä on huima ero.

Mainitsen joitakin orpouden piirteitä. Orpona elämisen todellisuus on pohjimmiltaan tällaista. Orvolla ei ole nimeä. Usein orvon nimi on muutettu, tai hänet on hylätty eikä kukaan tiedä hänen henkilöllisyyttään. Orvolla ei ole historiaa: hänellä ei ole käsitystä siitä, mistä hän on tullut. Hänen nimensä ei merkitse hänelle mitään. Kun sinut on kasvatettu hyvässä perheessä, sinulla on isäsi nimi, joka on ollut myös hänen isänsä nimi, ja se ulottuu kauas historiaan. Veljilläsi ja sisarillasi on sama nimi, ja se antaa tunteen perheen identiteetistä. Maailmassa näemme ihmisten yrittävän luoda itselleen nimeä, tulla merkittäviksi, tehdä jotakin sellaista, mikä antaa heille paikan yhteiskunnassa. Orpous ei liity vain maailmaan. Se on ihmissydämen perimmäinen tila.

Seurakunnassakin näemme orpouden tulevan esiin. Palvelutehtävissä olevat ihmiset yrittävät luoda itselleen nimeä, tehdä "merkittävää työtä", olla mukana "merkittävässä palvelutyössä". Muistan, että minullakin oli samanlainen kunnianhimo. Vaikuttimena oli se, että jos teen jotakin merkittävää, *minä* olen merkittävä. Maailmassa on tapana sanoa: "Jos haluat tuntea itsesi tärkeäksi, ala tehdä jotakin tärkeää." Se on tyypillistä orvolle. Poika ja tytär löytävät merkityksensä perheen parista, siitä että heitä rakastetaan ja arvostetaan yksinkertaisesti siksi, keitä he ovat.

Orvon elämään kuuluu myös se, ettei kukaan anna hänelle mitään. Ei ole joululahjoja eikä syntymäpäivälahjoja. Jos lahjoja tulee, ne on annettu orpokodille ja jaetaan sattumanvaraisesti. On pelkkä sattuma, jos saat jotakin, mitä todella haluat. Ehkä joku pieni poika haluaisi purjeveneen, mutta hänelle annetaankin kuorma-auto. Vain sattumanvarainen lahja, johon ei liity mitään todellista eikä henkilökohtaista merkitystä. Syntymäpäivä tai joulu ei merkitse orvolle mitään. Tämä opettaa sen, ettei mitään saa ilmaiseksi. Se on yksi tämän maailman tunnusmerkki. Olet omillasi, kukaan ei aio antaa sinulle mitään, "ilmaisia lounaita" ei ole, joten sinun on parasta huolehtia vain itsestäsi.

Orvolla ei ole perintöä, joten hänen on taisteltava saadakseen sen, mitä haluaa. Älä siis anna kenenkään viedä sitä sinulta, sillä voit olla varma siitä, että he kyllä yrittävät! Tällaista on elämä orpokodissa. Isot pojat vievät ruoan pienemmän pojan lauta-

selta. Maailma toimii tällä tavoin. Katsokaamme vain talousjär-
jestelmäämme. Ihmiset sanovat: "Tämä on vain liiketoimintaa,
ei mitään henkilökohtaista." Mutta häviävälle osapuolelle se on
*hyvin* henkilökohtaista. Orvon on hyvin vaikea olla antelias, sillä
hän kokee, ettei kukaan anna hänelle koskaan mitään, ja jos hän
antaa jotakin pois, sen tilalle ei voi enää saada mitään. Pojalla taas
on hyvin erilainen näkemys: "Isäni on hyvin antelias ja äärettömän
rikas, ja hän antaa hyviä lahjoja."

Järjestelmät, joilla tätä maailmaa hallitaan, ovat orpojen järjes-
telmiä. Tiesitkö esimerkiksi, että demokratia ei kuulu Jumalan
valtakuntaan? Demokratia saattaa olla paras tapa, jolla orvot hallit-
sevat toisia orpoja langenneessa maailmassa, mutta se on kuitenkin
orpojen järjestelmä. Se ei ole se tapa, jolla Jumala hallitsee omaa
valtakuntaansa. Surullista kyllä, monet seurakunnat toimivat
demokratian periaatteiden mukaan. Jos seurakunnalla on johta-
jisto, jolla on orpo sydän, koko palvelutyössä on orpouden tuntu. Se
läpäisee kaiken.

Otetaan toinen esimerkki: kapitalismi. Kapitalismi saattaa olla
paras tuntemamme tapa, jolla orvot käyvät kauppaa orpojen kanssa,
mutta se ei todellakaan ole oikeudenmukaisuuteen perustuva järjes-
telmä. Se perustuu orpojen arvoihin, joiden mukaan ostetaan ja
myydään voittoa tavoitellen — niin paljon voittoa kuin mahdol-
lista, riippumatta siitä, onko se reilua vai ei. Jumalan valtakunta on
erilainen. Jumalan valtakunnan toimintaperiaatteena on, että annat
pois *kaiken*, mitä sinulla on — ja *saat* kaiken Jumalalta. Jos joku
vaatii sinut mukaansa yhden virstan matkalle, kulje kaksi. Jos joku
lyö sinua poskelle, käännä hänelle toinenkin. Jos joku ottaa sinulta
paidan, anna hänelle takkisikin.

En puhu liiketoimintaa vastaan. En puhu voiton saamista vastaan.

Näin tämä maailma toimii, ja meidän on toimittava siinä mukana, mutta meidän on myös ymmärrettävä, että tämä ei ole Jumalan valtakunnan tapa. Jumalan valtakunnassa on erilainen arvojärjestelmä, ja meidän on niin pitkälti kuin mahdollista toimittava Jumalan valtakunnan sisällä, hänen periaatteidensa mukaisesti. Jotkin seurakunnat laativat koko budjettinsa kapitalismin periaatteiden mukaan, ja se sitoo heitä! Jumala voi mennä paljon pitemmälle kuin pystymme kuvittelemaan, ja jos rajoitumme ajattelussamme siihen, mitä voidaan tehdä kapitalistisen järjestelmän puitteissa, asetamme rajoja sille, mitä Jumala voi tehdä. Mutta kun uskomme, että Jumala pitää meistä huolen *oman* talousjärjestelmänsä puitteissa, siirrymme pois orpoudesta ja pääsemme sisään pojan elämään!

Ero ei-kristityn ja kristityn välillä tarkoittaa orvon ja pojan välistä eroa.

## MIELIKUVITUSMATKA

Haluan ottaa sinut mukaani pienelle mielikuvitusmatkalle. Yritä kuvitella mielessäsi, millaista oli silloin kun Aadam luotiin. Ensimmäisen Mooseksen kirjan toisessa luvussa siitä on kirjoitettu ainoastaan muutamin sanoin: *Herra Jumala muovasi maan tomusta ihmisen ja puhalsi hänen sieraimiinsa elämän henkäyksen. Näin ihmisestä tuli elävä olento.* Ajattele, jos olisit ollut enkeli ja saanut katsella, kun Jumala loi koko maailmankaikkeuden. Miltä se olisi mahtanut näyttää?

Olen usein ihmetellyt, miksei Jumala luonut ihmistä heti ensimmäisenä päivänä, niin että hän olisi voinut nähdä Jumalan luovan kaiken. Se olisi ollut aivan mahtavaa, eikö totta? Mutta miksi Jumala odotti kuudennen päivän iltapäivään asti, ennen kuin hän loi ihmisen? Ainoa keksimäni syy on se, että *hän ei halunnut ihmisen tuntevan häntä työtä tekevänä Isänä.* Jos ihminen olisi ollut todistamassa luomistyötä, se olisi voinut juurruttaa häneen pyrkimyksen suorittaa ja tehdä työtä. Meidät on luotu Jumalan lepoa varten, ja ellemme pääse lepoon sisimmässämme, yhteytemme Jumalaan estyy. Sen vuoksi Raamattu sanoo: *Olkaa hiljaa ja tietäkää, että minä olen Jumala* (Ps. 46:10, engl. NKJV-käännös).

Jumala muovasi ihmisen. Kaiken muun hän loi lausumalla käskysanan, mutta ihmisen hän muovasi kaapimalla kokoon maan tomua. Jossakin vaiheessa on täytynyt tulla hetki, jolloin enkelit haukkoivat henkeään hämmästyksestä, kun heille selvisi, että Jumala teki kopiota itsestään. Se oli täydellinen luomus.

Muovatessaan ihmistä Jumala sai vihdoin hänen ruumiinsa valmiiksi. Se oli täydellinen aikuisen miehen ruumis mutta toistaiseksi vailla elämää. Sitten Jumala puhalsi ihmisen sieraimiin. On mentävä hyvin lähelle sitä, jonka sieraimiin aikoo puhaltaa. Jos olisit ollut katsomassa tätä, miltä se olisi näyttänyt? *Se olisi näyttänyt siltä kuin Jumala olisi suudellut Aadamia.*

Kun äiti pitää vastasyntynyttä lastaan sylissään, hänen kasvoillaan näkyy ihmetys ja ihailu. Kaikki synnytyskivut ovat unohtuneet, ja hänen ilmeensä on samalla kertaa rakastava, hellä ja hämmästynyt. En usko, että on ketään naista, joka ei olisi tuntenut tällä tavoin synnytettyään ensimmäisen lapsensa. Hän tietää, että on tapahtunut valtava ihme.

Isä Jumala on vanhemman perikuva. Hän on se alkuperäinen vanhempi, jonka kopioita me olemme. Puhaltaessaan Aadamin sieraimiin hän synnytti pojan tähän maailmaan. Luulen, että tämä oli historian uskomattomimpia hetkiä. Jos olisit ollut katsomassa sitä, olisit nähnyt Isän kasvoilla kaiken hänen rakkautensa ja hellyytensä.

Mutta mitä olisit nähnyt katsoessasi Aadamia? Olisit nähnyt hänen rintakehänsä nousevan ja laskevan keuhkojen täyttyessä ensimmäisestä hengenvedosta. Sitten sydän alkoi lyödä. Olisit nähnyt äkillisen väriaallon kulkevan ruumiin läpi, kun verta alkoi kulkeutua lihaksiin, kudoksiin ja ihoon. Koko ruumis alkoi toimia. Ehkä sormet, varpaat ja silmäluomet alkoivat liikahdella lihasten saadessa happea. Alkoi syntyä liikettä, kun ruumis tuli eläväksi. Eikä ainoastaan ruumis, vaan myös aivot tulivat aktiivisiksi. Millaista mahtoi olla, kun mieli alkoi työskennellä, mutta sillä ei ollut mitään ajateltavaa? Muisti alkoi toimia, mutta ei ollut yhtäkään muistoa. Ei kerrassaan mitään! Miehen persoonallisuus oli valmis, mutta toistaiseksi mitään ei ollut syötetty sisään. Aivan kuin tietokone olisi päällä mutta käyttöjärjestelmä puuttuisi. Se oli aivan tyhjä.

Sitten tuli hetki, jolloin Aadam sai ensimmäisen kokemuksensa. Minkä hetken luulet sen olleen? Mitä sellaista tapahtui, mikä sai sen aikaan? Uskon, että se oli se hetki, kun hän avasi silmänsä. Kun hän avasi silmänsä, mitä arvelet hänen nähneen? Rakkaus ilmenee kosketuksen, äänen ja katseen välityksellä. Silmät ovat sielun peili.

Aadam alkoi avata silmiään. Luuletko, että Isä oli mennyt lukemaan sanomalehteä, katsomaan televisiota tai pelaamaan jalkapalloa? Ei todellakaan! Hän rakasti poikaansa, jota oli tuomassa maailmaan, ja keskittyi häneen. Jumala ei ole osa-aikainen isä. Hän on Isä koko ajan. *Me* voimme olla hajamielisiä, mutta hänen ajatuksiaan eivät täytä muut asiat. Me täytämme ne! Avatessaan silmänsä Aadam oli Isän rakkauden "Niagaran putouksen" alla. *Hän sai vastaanottaa kaiken sen rakkauden, mitä koko maailmankaikkeudessa oli.* Miten huimaava ajatus! En osaa edes kuvitella, miltä hänestä tuntui kokea aivan ensimmäiseksi kaikkivaltiaan Jumalan täydellinen rakkaus. Aadam tiesi, että

Jumala rakastaa häntä täydellisesti ja syvästi.

Luulin olevani ainoa, joka on ajatellut tällaista, mutta kerran huomasin, että apostoli Paavalikin oli nähnyt tämän. Kun tämän raamatunjakeen todellinen merkitys yhtäkkiä valkeni minulle, ajattelin: "Paavali, sinä vanha veijari! Sinäkin tiesit tämän!" Kuule, mitä hän sanoo:

*Niin että te, rakkauteen juurtuneina ja perustuneina, voisitte kaikkien pyhien kanssa käsittää, mikä leveys ja pituus ja korkeus ja syvyys on, ja oppia tuntemaan Kristuksen rakkauden, joka on kaikkea tietoa ylempänä; että tulisitte täyteen Jumalan kaikkea täyteyttä* (Ef. 3:18–19, vuoden 1938 suomennos).

Rakkauteen juurtuneina ja perustuneina. Aadamin elämä oli alusta alkaen *juurtunut* ja *perustunut* rakkauteen. Eikö olekin ihmeellistä? Jokaisen kristityn perintöosaan kuuluu se, että silmämme avautuvat näkemään sen uskomattoman rakkauden, joka Isällä on meitä kohtaan. Tämä ei ole vain jokin ylimääräinen lisä kristillisyyteen. Tämä on sen perusta! Tämä ei ole niin sanoakseni jokin uusi kirja kirjahyllyyn. Tämä on itse kirjahylly! Tämä ei ole jokin uusi kokemus kaikkien muiden elämänkokemusteni lisäksi. Tämä on kaiken muun perusta. Perusasia, jonka kautta tulkitsen kaiken, on se, että *Isä rakastaa minua.*

Joitakin vuosia sitten luokseni tuli kokouksen jälkeen mies, joka sanoi: "James, sanot, että perusta on Isän rakkaus, mutta todellisuudessa... eiköhän perusta ole Jeesuksen risti?" Minulta ei ollut koskaan kysytty tätä, enkä ollut aikaisemmin ajatellut asiaa. Mutta sekunnin murto-osassa näin jotakin ja vastasin: *Jeesuksen risti on ilmaus Isän rakkaudesta. Isän rakkaus ei alkanut vasta ristillä. Isän rakkaus oli ensin.*

Minäpä sanon sen tällä tavoin: Kun synnyt uudesti, sukellat pelastuksen lähteeseen ja kohtaat Jeesuksen rakkauden. Sukellat syvemmälle, ja sinut pestään hänen verellään. Sukellat syvemmälle, ja hänestä tulee Herrasi. Menet syvemmälle ja täytyt Pyhällä Hengellä. Menet taas syvemmälle, ja kauttasi tapahtuu ihmeitä. Menet vieläkin syvemmälle ja saat palvelutehtävän ja voitelun. Menet yhä syvemmälle vanhurskautukseen ja pyhitykseen. Sitten tulet aivan lähteen pohjalle, mistä *kaikki* kumpuaa. Isän rakkaus. Tämä se on! Hän on kaiken lähde. Hänen rakkautensa on ensimmäinen, se on kaiken rakkauden perusta.

## PARATIISI

Aadam oli juurtuneena ja perustuneena rakkauteen siitä hetkestä lähtien, kun hän avasi silmänsä. Sitten Jumala loi hänelle vaimon. Vaimolla ei siinä vaiheessa ollut omaa nimeä. Heitä molempia kutsuttiin Aadamiksi. Rakkaus on ykseyttä. Aadam ja Eeva olivat yhtä, aivan niin kuin mekin haluamme olla yhtä toinen toisemme kanssa. Jumala oli luonut ihanan elinympäristön heitä varten.

Aadam (ja Eeva) asui Eedenin puutarhassa täysin Isän rakkauden kyllästämänä. Isä oli joka päivä läheisessä yhteydessä heihin. Meidän tulee ymmärtää, että Jumalan suhde Aadamiin oli isän ja pojan välinen suhde. Raamatussa Aadamia kutsutaan "Jumalan pojaksi". Olen yrittänyt kuvitella, millaista heidän elämänsä oli, mutta en pysty käsittämään sitä. He elivät jatkuvassa rauhan tilassa. Rauhan, joka on *syvempi* kuin rauha. Heillä ei ollut edes rauhaa tarkoittavaa sanaa, koska sille ei ollut mitään vaihtoehtoa. Heidän elämässään vallitsi täydellinen ja syvä ilo. Olisit voinut istua heidän viereensä ja koettaa selittää heille, mitä on turvattomuus, eivätkä he olisi käsittäneet, mistä oikein puhut. Pelko oli täysin heidän viitekehyksensä ulkopuolella. Elämä Eedenin puutarhassa oli viatonta, mutta toisaalta se on malliesimerkki kypsyydestä. Me tavoittelemme sitä, mikä heillä oli luonnostaan.

Tiedämme, että Saatana viritti heille ansan, ja taidokkaasti virittikin. Nuorena miehenä olin jonkin aikaa turkismetsästäjänä ja myin eläinten nahkoja ansaitakseni elantoni. Viritin monia ansoja metsään, ja tiedän varsin hyvin, että niiden on oltava houkuttelevan näköisiä. Ei saa pyydystetyksi mitään, jos ansa näyttää eläimen mielestä vaaralliselta. Sen on näytettävä normaalia *paremmalta* ja oltava tavallista houkuttelevamman näköinen. Silloin saalis menee ansaan oma-aloitteisesti.

Ensimmäinen osa tätä ansaa oli Saatanan lupaus naiselle, että jos tämä söisi puusta, hän tulisi Jumalan kaltaiseksi. Eeva *rakasti* Jumalaa. Kuinka moni meistä onkaan rukoillut, että Jumala tekisi meistä Jeesuksen kaltaisia. Miksi olet rukoillut sitä? Koska rakastat häntä! Rakkaus haluaa olla samanlainen ja liittyä siihen, jota se rakastaa. Tietenkin Eeva kiinnostui Saatanan lupauksesta. Hän halusi olla samanlainen kuin hänen Isänsä. Hän *rakasti* Jumalaa.

Sitten Saatana näytti hänelle, että hedelmä oli kaunis. Yksi asia, jonka tiedän, on se, että naiset rakastavat kauneutta. Olen ollut kodeissa, joissa on asunut vain miehiä, eikä talossa ole ollut mitään kaunista, se on ollut ainoastaan tarkoituksenmukainen. Naiset rakastavat kauneutta.

Eeva katsoi hedelmää ja näki, että se oli kaunis. Hän näki, että se oli hyvää syödä. Huolenpitoa voi ilmaista monin tavoin, mutta yksi tavallisimmista on valmistaa ja tarjota hyvää ruokaa. Se voi olla ilmaus rakkaudesta, hoivasta ja huolenpidosta perhettä kohtaan. Eeva kurottautui ottamaan hedelmän ja söi siitä. Kun hän söi hedelmää, mitä tapahtui? *Ei yhtään mitään.*

Aadam ja Eeva olivat siinä määrin yhtä, etteivät he voineet edes tehdä syntiä yksilöinä. Vasta sitten kun *Aadamkin* söi, molempien silmät avautuivat ja ansa laukesi... PAM! Eikä ollut enää paluuta takaisin. He eivät päässeet pakoon. Seuraukset olivat väistämättömät. En usko, että heillä oli aavistustakaan siitä, mitä seurauksia tästä koituisi. He tiesivät, että jos he söisivät sen puun hedelmää, he kuolisivat, mutta se oli luultavasti heidän kannaltaan vähäisin seuraus.

Heidän keskinäinen ykseytensä oli mennyttä. *Mies antoi vaimolleen nimeksi Eeva, sillä hänestä tuli kaikkien ihmisten kantaäiti* (1. Moos. 3:20). Nyt Eeva sai oman, erillisen nimen. Heistä tuli kaksi, kun aikaisemmin he olivat olleet yksi. C. S. Lewis on huomauttanut, että sinä päivänä tuli sukupuolten väliin miekka, vihamielisyyden miekka miehen ja naisen välille, ja se on siinä yhä. Jumala teki heille nahasta vaatteet ja puki heidät niihin. Nyt he olivat todistamassa verenvuodatusta. *Sitten Herra Jumala sanoi: "Ihminen on nyt kuin me: hän tietää sekä hyvän että pahan. Ettei hän nyt vain ota elämän puusta hedelmää ja syö ja niin elä ikuisesti!"* (Jae 22) Niin Jumala ajoi ihmisen pois Eedenin puutarhasta.

He olivat jääneet ansaan, ja nyt synnistä tuli heidän hallitsijansa. Synnin ongelma on se, että se saa otteen meistä emmekä pääse siitä irti omin voimin. Synti hallitsee meitä. Ainoa, mikä voi murtaa synnin vallan, on Jeesuksen veri. Et voi murtaa synnin valtaa päättämällä elää eri tavalla, mutta kun vetoat Jeesuksen vereen, vapaudut synnin otteesta. Aadam ja Eeva lankesivat syntiin, mutta Jeesuksen veri ei ollut vielä vuodatettu.

## Kaksi kauheaa vaihtoehtoa

Jumalan täytyi tehdä käsittämättömän vaikea päätös. Muista, että hän rakasti heitä ja halusi heille ainoastaan parasta, mutta nyt he olivat lähteneet tielle, joka sisälsi vain kaksi mahdollisuutta. Hän saattoi joko lähettää heidät pois tai antaa heidän elää syntisinä Eedenin puutarhassa ikuisesti.

Jumala katseli Aadamia ja Eevaa, kun synnin paino laskeutui heidän harteilleen. He ajautuisivat tästedes yhä syvemmälle epätoivoon ja kantaisivat alati kasvavaa syyllisyyden taakkaa. Heidän persoonallisuutensa mätänisi sisältäpäin, heistä tulisi ahneita, turvattomia ja pelokkaita. Ainoa mieleeni tuleva asia, joka voisi antaa jonkinlaisen käsityksen siitä, millaista tämä oli, on hahmo nimeltä Klonkku elokuvassa *Taru sormusten herrasta*. Tämä olento sai haltuunsa jotakin hirvittävän pahaa. Hän ei voinut luopua siitä eikä lakata tavoittelemasta sitä, vaikka se tuhosi hänet läpikotaisin. Hänestä tuli rujo, ryömivä olento, jonka alkuperäinen olemus joutui alennustilaan ja vajosi yhä syvemmälle rappioon.

Uskon, että kun Jumala katsoi Aadamia ja Eevaa, hän ymmärsi, että rappeutumisen prosessi oli jo alkanut heissä. Isän sydän sanoi: "Emme voi antaa tämän jatkua ikuisesti! Kymmenentuhannen vuoden kuluttua he ovat yhä elossa ja *yhä menossa huonompaan suuntaan!* Emme voi antaa heidän syödä elämän puusta. Meidän on ajettava heidät pois Eedenin puutarhasta. Meidän täytyy estää heitä pääsemästä puun luokse!" Niinpä Jumala sanoi heille: "Nyt se on ohi. Teidän täytyy lähteä täältä!"

On mahdotonta kuvitella, miltä Aadamista ja Eevasta on täytynyt tuntua, kun he kuulivat nämä sanat. He eivät voineet syyttää Jumalaa omasta ahdingostaan. He olivat itse aiheuttaneet sen, mikä sai heidät vielä epätoivoisemmiksi. Jumala tuli heidän luokseen rakastavana Isänä. Hän ei ajanut heitä pois rangaistukseksi tai kostoksi. Karkottaminen oli lievempi vaihtoehto kahdesta pahasta. Karkotuksen jälkeen Aadam ja Eeva olivat luul-

tavasti kaikkein murtuneimmat ihmiset, mitä maailmassa koskaan
on ollut.

On kaksi seikkaa, jotka vaikuttavat siihen, kuinka kipeästi
sinuun koskee, kun joku särkee sydämesi. Ensiksi: mitä suurempaa
rakkautta olet tuntenut, sitä suurempi on kokemasi kipu. Aadamia
ja Eevaa oli rakastettu maailmankaikkeuden suurimmalla rakkau-
della! Toiseksi: jos sydämesi on särkynyt ennenkin, olet seuraavalla
kerralla todennäköisesti pidättyväisempi. Ennen tätä Aadam ja
Eeva eivät olleet koskaan *tunteneet* minkäänlaista kipua. He eivät
tienneet, mitä kipu on. Uskon, että he tunsivat nyt suurempaa
kipua kuin kukaan on koskaan tuntenut. He olivat surullisimmat
ja epätoivoisimmat ihmiset, mitä ikinä on nähty. Jumala tuuppasi
heidät ulos paratiisin portista. Oli aivan kuin Aadamin ja Eevan
jalat eivät olisi kyenneet viemään heitä pois Eedenistä, ja Isän olisi
täytynyt fyysisesti pakottaa heidät ulos. Hän ei tehnyt sitä rangais-
takseen heitä. Hän ei tehnyt sitä siksi, että olisi hylännyt heidät.
Hän teki sen *siksi, että rakasti heitä.*

Jumala ei ole koskaan tehnyt mitään, mikä ei olisi ilmaus hänen
rakkaudestaan. Hän ajoi heidät pois *sen tähden,* että rakasti heitä.
Voin kuvitella heidän laahanneen jalkojaan, yrittäneen pitkittää
viimeisiä hetkiään paratiisissa, koska ensimmäistä kertaa elämäs-
sään he alkoivat tuntea pelkoa. Millaista tuolla ulkona olisi?
Mitä Jumala tarkoitti sanoessaan, että maa kasvaisi orjantap-
puraa ja ohdaketta ja heidän täytyisi tehdä työtä otsa hiessä? Se
merkitsi sitä, ettei hän enää pitäisi heistä huolta! Paratiisissa oli
ollut kaikkea, mitä he tarvitsivat. Kuinka he nyt eläisivät? Heidän
täytyisi rakentaa itselleen uudenlainen elämä. He eivät enää
koskaan näkisi häntä samalla tavoin. Heidän tuntemansa elämä
oli nyt ohi!

## Ihmiskunnasta tulee orpo

Karkottaessaan Aadamin ja Eevan Eedenin puutarhasta Jumala tosiasiassa ajoi heidät pois hänen rakkautensa kokemisesta. He eivät enää koskaan kokisi hänen rakkauttaan. Synti erottaa aina, ja nyt heidän syntinsä erotti heidät Jumalasta. Lähtiessään Eedenistä heidän on täytynyt tietää, että suhde, joka heillä ennen oli ollut, oli nyt ohi. Lähtiessään sieltä he jättivät taakseen Isän rakkauden ilmapiirin ja heistä tuli enemmän sen olennon kaltaisia, joka oli syösty alas taivaasta. Heistä tuli isättömiä. Koko ihmissuku, myös sinä ja minä, oli heissä, kun he lähtivät pois Eedenin puutarhasta. *Heissä koko ihmissuvusta tuli orpo.*

Heidän kurjuuttaan pahensi se, että tapahtui jotakin vielä pahaenteisempää. Saatana, joka oli sinkoutunut maan päälle kuin salama, alkoi kehitellä petosta. Taivaasta ulos heitetyn orvon hengen ja näiden orposydämisten, miehen ja naisen, välille alkoi kehittyä epäpyhä liitto. Aadamilla ja Eevalla ei ollut minkäänlaista tietoa siitä, kuinka elää Eedenin ulkopuolella. Niinpä Saatana alkoi johdattaa ihmiskuntaa petokseen, joka on jatkunut läpi historian, aina tähän päivään asti. Olemme kaikki vaeltaneet hänen teitään, kuten Efesolaiskirje 2:2 sanoo. Maailmasta on tullut orpojen yhteiskunta. Pelastuminen, Pyhällä Hengellä täyttyminen ja Jeesuksen läheinen tunteminen ei sitä muuta. Vain Isä voi ottaa pois orpouden!

Pitkään aikaan en ajatellut lainkaan, miltä tämän on täytynyt tuntua Jumalasta. Hän rakasti Aadamia ja Eevaa vanhemman rakkaudella ja tiesi, mitä tapahtuisi. Hän tiesi, että ahneus saisi nyt otteen ihmissydämestä ja ihmiset kääntyisivät toisiaan vastaan. Hän näki miekan sukupuolten välissä, näkymättömän muurin miehen ja vaimon välillä heidän lähtiessään Eedenistä. He olivat nyt orpoja sanan täydessä merkityksessä.

Joitakin vuosia sitten olin Pietarissa. Oli marraskuu ja purevan kylmää. Kävellessäni eräänä iltana ulkona noin yhdeksänvuotias pikkupoika juoksi ohitseni. Hänellä oli yllään vain puuvillaiset sortsit ja lyhythihainen puuvillapaita. Hän kulki avojaloin, hänellä oli likaiset sääret ja pörröinen tukka, ja hän kantoi olallaan pientä risusäkkiä. Luultavasti hänen tarkoituksensa oli sytyttää nuotio jonnekin pysyäkseen lämpimänä. Juostessaan ohitseni hän pysähtyi ja katsoi taakseen minuun päin. En koskaan voi unohtaa hänen ilmettään. Pienellä pojalla oli keski-ikäisen miehen kasvot! Hänen katseensa sanoi: "Mitä *sinä* aiot tehdä minulle?" Sitten hän kääntyi ja juoksi eteenpäin. Tällaisia lapsia on paljon ympäri maailmaa. Maailmassa on valtavasti kärsimystä. Emme pysty edes kuvittelemaan sitä.

Katsellessaan Aadamin ja Eevan kulkevan kohti orvon elämää Isä tiesi, millaista se olisi. Mutta hän tiesi myös, että tämä oli parempi vaihtoehto kuin se, että he eläisivät ikuisesti yhä pahenevassa rappiotilassa. Uskon, että Isän sydämestä alkoi sillä hetkellä nousta valtava huuto. Tuskaisa huuto. Isänä tiedän yhden asian varsin hyvin. Kun omat lapseni kärsivät, toivoisin mieluummin, että kärsijä olisin minä. On vaikeampaa katsoa lastensa kärsimystä kuin kärsiä itse. On melkein sietämätöntä nähdä lapsen kärsivän voimatta itse tehdä asialle mitään. Tässä Isä on lähettämässä lapsiaan pois tietäen, mitä kärsimyksiä on vääjäämättä tulossa. Uskon, että syvältä hänen sisimmästään nousi huuto. Kun maailman meno jatkui ja kärsimys lisääntyi, huuto kävi yhä kiihkeämmäksi. Hän näki kaikkien lastensa, koko ihmissuvun elämän olevan kärsimystä. Hänen isänsydämensä kurottautui heitä kohti, vaikka hän tiesi heidän pian unohtavan, että häntä on edes olemassa ja että hän rakastaa heitä.

## Isän pelastussuunnitelma

Koska Isän sydän oli täynnä myötätuntoa, hän lähetti ihmisiä kertomaan hänen rakkaudestaan. Hän lähetti lainsäätäjiä ja tuomareita, kuninkaita ja pappeja ilmaisemaan hänen sydäntään ja osoittamaan, miten voi elää vapaana kärsimyksestä. Hän kutsui esiin kokonaisen kansan olemaan hänen todistajansa, mutta mikään näistä ei riittänyt. Koko ihmiskunta oli vajoamassa orpouteen, mikä sai aikaan kärsimystä ja yhä suurempaa yksinäisyyden ja rikkinäisyyden tunnetta. Isä näki lastensa kärsivän, ja hänen sisimmästään kumpusi suuri huuto. Hän lähetti profeettoja. Hän lähetti Israelin äitejä. Hän lähetti psalminkirjoittajia ja runoilijoita, jotka osasivat puhua kauniisti hänen sanojaan. Mutta kukaan ei osannut täydellisesti ilmaista hänen sydäntään. Ei kukaan!

*Lopulta* hän lähetti oman Poikansa, joka olisi hänen täydellinen edustajansa, hänen täydellinen kuvansa. Hänen Poikansa, joka ei ainoastaan sanoisi sitä, mitä hän halusi sanoa, vaan sanoisi sen myös *täsmälleen sillä tavalla kuin hän halusi sen sanoa.* Hän lähetti Jeesuksen! Jeesus, Jumalan Poika, tuli maailmaan ja oli täysin irrallaan orpojen järjestelmästä. Hän eli pojan elämää. Hän oli vapaa orpoudesta, joka oli pettänyt ja saastuttanut ihmiskunnan. Hän tuli tänne poikana! Hänen sanansa kumpusivat siitä, että hän eli täydellisen Isän hoivissa, ja ne hämmästyttivät maailmaa. Hän oli vapaa synnin vaikutuksesta ja kykeni antamaan tätä vapautta toisillekin. Hän jakoi muille omaa vapauttaan sairaudesta ja Saatanasta. Hän saattoi vakuuttaa syntiselle, että tämän synnit oli annettu anteeksi. Hänen käskystään rampa nousi ja alkoi kävellä. Hän sylki sokean silmille, ja tämä sai näkönsä. Hän tuli maan päälle täysin vapaana orvon langenneesta luonnosta ja osoitti meille, millainen Isä on. Hän tuli palauttamaan maailmalle tietoisuuden siitä, että *Isä rakastaa meitä.*

Viimeisinä päivinään, juuri ennen kuin hänet surmattiin, hän saattoi *vihdoinkin* sanoa sen, mikä oli tulivuoren tavoin kuohunut Isän sydämessä sukupolvien ajan. Hän saattoi *vihdoinkin* tuoda julki sen, mitä Isä halusi hänen sanovan. Tämä huuto oli ollut Isän sydämessä siitä hetkestä lähtien, kun Aadam ja Eeva lähtivät Eedenin puutarhasta. He olivat joutuneet elämään isättöminä, sen orvon hengen pettäminä, joka oli aikanaan heitetty ulos taivaasta. Vihdoinkin Jeesus saattoi tuoda julki suoraan Isän sydämestä ne sanat, jotka Isä käski hänen sanoa, ja sillä tavalla kuin Isä halusi hänen ne sanovan:

**En minä jätä teitä orvoiksi, vaan tulen luoksenne!**

Kun Isä näki ihmisten lähtevän orpoina pois Eedenistä, hänen oli pysyttävä taka-alalla. Mutta hän lähetti Poikansa murtamaan kaikki esteet hänen ja meidän väliltämme. Hän on luvannut: *Olen oleva teidän Isänne, ja te olette minun poikiani ja tyttäriäni. Näin sanoo Herra, Kaikkivaltias.* (2. Kor. 6:18) Tätä ihmiskunnan yllä olevaa orpoutta ei voi ajaa ulos. Se ei sinänsä ole demonista. Se on *ihmisen* sydämen tila. Mutta kun ihmissydän kohtaa Isän, se ei ole enää orpo ja orvon tavat alkavat hävitä.

Jeesus ei ole ovi taivaaseen, vaan *hän on ovi, jonka kautta Isä tulee meidän luoksemme!* Kun temppelin väliverho repesi kahtia ylhäältä alas asti, se ei revennyt siksi, että me voisimme mennä sisään. *Se repesi kahtia, jotta hän voisi tulla ulos!* Hän repäisi sen rikki ja tuli ulos, ja sillä hetkellä koko uskonnollinen rakennelma luhistui. Israelin valtakunta oli lopussa. Ennen kuin neljäkymmentä vuotta oli kulunut, temppeli oli tuhottu ja Daavidin kuninkaallinen suku hävinnyt. Isä oli tullut ulos temppelistä ollakseen isä koko maailmalle.

Evankeliumi on yksinkertaisuudessaan tätä: se kertoo Isästä, joka on menettänyt lapsensa ja haluaa saada heidät takaisin.

Hän lähetti Poikansa hakemaan meidät kotiin. Isä sanoi: "Poikani, mene hakemaan heidät kotiin. Kuka tahansa, joka haluaa tulla — tuo hänet kotiin!" Jumalan Hengen tehtävänä on tuoda meidät pois orpoudesta, takaisin pojan asemaan. Jeesus tuli tänne Poikana ollakseen tie Isän luo. Kun sinusta tulee poika, opit tuntemaan Isää yhä enemmän. Siitä kristinuskossa on kysymys! Eikö olekin ihmeellistä? Pystyn hädin tuskin uskomaan, että hän on näin hyvä! Hän on vakaasti päättänyt olla Isä meille ja ottaa meistä pois orvon tavat. Hän tuo meidät, omat lapsensa, jälleen kotiin luokseen.

# LUKU 7

# Pojan Elämän Salaisuus

~

Uskoontulostani lähtien minulle on sanottu, että minun täytyy kypsyä ja kasvaa aikuiseksi. Kristittyinä yritämme tulla vahvoiksi, oppineiksi, päteviksi ja itsevarmoiksi — kun taas Herra yrittää saada meistä lasten kaltaisia. Maailmassa on saatava koulutusta voidakseen selviytyä ja menestyä, mutta Jumalan valtakunnassa on tultava pienten lasten kaltaisiksi. Vuosikausia yritin tehdä kovasti työtä, kunnes huomasin, mistä *todella* on kysymys.

Herra on muuttanut radikaalisti näkökulmamme kristityn elämään. Ollessamme kolmikymppisiä Denise ja minä olimme pastoreina pienessä seurakunnassa eräässä Uuden-Seelannin kaupungissa. Olimme toista kertaa seurakunnan pastoreina, ja meillä oli paljon töitä. Kaikki illat ja viikonloput kuluivat sielun-hoitotyössä. Jossakin vaiheessa emme päässeet kahteen viikkoon nukkumaan ennen puoltayötä. Meillä oli myös näky, että palve-lutyölle rakennetaan keskuspaikka. Eräs ystävä oli saanut 40 hehtaarin maa-alueen, ja olimme muuttaneet sinne auttamaan häntä rakennustöissä. Rakensimme taloja, asensimme voimalinjoja ja jätevesijärjestelmiä ja paransimme teitä, jotka johtivat alueelle.

Sitten Herra sanoi meille, että rakentaisimme sinne suuren, kahdeksan makuuhuonetta käsittävän talon. Saimme rukousvastauksena neljännesmiljoona dollaria talon rakennuskustannuksiin. Lisäksi aloin saada puhujakutsuja Uuden-Seelannin ulkopuolelta, joten neljän vuoden ajan olimme äärettömän kiireisiä tehdessämme Herran työtä. Siitä hetkestä kun aamulla heräsimme, aina siihen hetkeen kun illalla menimme nukkumaan (ja silloin rukoilimme Jumalalta unia yön ajaksi), elimme, söimme, nukuimme ja hengitimme Jumalan valtakuntaa. Teimme kaikkemme Jumalan työn hyväksi.

Sitten tapahtui äkillinen muutos. Eräänä aamuna ollessamme lähdössä seurakuntaan odottelin, että Denise tulisi alakertaan. Päästyään portaat alas hän lysähti äkkiä istumaan ja alkoi itkeä. Kaikki, jotka tuntevat Denisen, tietävät, ettei hän itke turhasta. Jos hän itkee, jokin on *pahasti* vinossa. Oliko tullut puhelinsoitto, joka oli tuonut huonoja uutisia? Hän itki niin rajusti, ettei pystynyt kertomaan syytä itkuunsa. Kyselin häneltä, mikä hätänä, mutta hän ei pystynyt puhumaan. Lopulta hän sai vaivoin sanotuksi: *En yksinkertaisesti pysty kohtaamaan niitä ihmisiä enää kertaakaan.*

## LOPPUUNPALAMINEN

Olimme henkisesti täysin lopussa palveltuamme Herraa täydellä höyryllä 17 vuoden ajan. Olimme eläneet, syöneet ja hengittäneet palvelutyön elämää. Olin opettanut Missionuorten kouluissa, olimme rukoilleet valtavasti rahoja eri hankkeisiin, olimme olleet puhumassa Kaakkois-Aasiassa, Koreassa, Yhdysvalloissa, Kanadassa ja Tyynenmeren saarilla. Olimme panneet kaiken tarmomme Herran palvelemiseen, ja yhtäkkiä tuli seinä vastaan.

Tämä tapahtui vuonna 1988. Päätin, että Denisen takia emme voi jatkaa palvelutyössä. Sillä hetkellä kuvittelin olevani itse aivan kunnossa. Minulla oli puhujakutsuja neljään Missionuorten kouluun Australiaan, joten sanoimme seurakunnalle, että jäämme puolen vuoden tauolle, teemme sovitut asiat Australiassa ja sen jälkeen pidämme vähän vapaata. Mutta heti päästyämme Australiaan *minä* aloin itkeä! Istuin sohvalla tuntikausia tuijottaen lattiaan, ja kyyneleet vain valuivat pitkin kasvojani. Olimme henkisesti aivan lopussa.

Siihen aikaan Ken Wright ja hänen vaimonsa Shirley tulivat tapaamaan meitä. Ken oli aikanaan kastanut minut, ja hän oli yksi niistä miehistä, joita ajattelin silloin kun Herra kysyi minulta, kenen poika olen. Kun he olivat lähdössä kotiin, Ken istuutui autoonsa ja raotti hiukan ikkunaa sanoakseen jotakin. Oli hyvä, että hän teki niin, koska olisin halunnut iskeä häntä nyrkillä kuullessani, mitä hän sanoi. Pieni pilke silmäkulmassaan hän sanoi minulle: "Kyllähän sinä ymmärrät, James, eikö niin, että vain sinun lihasi voi palaa loppuun." Ja me *olimme* loppuunpalaneita, täysin uupuneita.

Kuullessani Kenin sanat minussa nousi viha: "En ole tehnyt työtä lihassa! Olemme rukoilleet *kaikkien* asioiden puolesta, jotta voisimme toimia Hengen voimassa, ja olemme halunneet tehdä kaiken Jumalan voiman avulla!" Kuinka hän saattoi sanoa niin? Ongelma oli, ettei hänen väitettään voinut kiistää. En mitenkään olisi voinut sanoa olevani loppuunpalanut, jos kaikki oli ollut Herran työtä ja tehty hänen voimassaan. Jos palat loppuun, se on selvä merkki siitä, että työssäsi on ollut mukana paljon *"sinua"*. Tämä oli minulle kova pala. Vaikuttimenani kaikessa Herran palvelemisessa oli ollut halu nähdä *Herran* voiman ja *Herran* Hengen toimivan. Lauloimme aina laulua: *Ei väellä eikä voimalla vaan minun Hengelläni, sanoo Herra.* Huomasin, että monet lauloivat tätä laulua ja lähtivät sitten tekemään Herran työtä omassa voimassaan. Laulun laulaminen ei asiaa paljon muuttanut.

Kaiken kiireemme keskellä olimme uupuneet perin pohjin. Jäimme pois palvelutyöstä kahdeksi vuodeksi. Olimme poissa kaikesta. Olimme melkein tainnoksissa. Denise arveli, ettemme koskaan palaisi mihinkään palvelutyöhön, ja minulla ei ollut mitään käsitystä siitä, mitä tekisin loppuelämäni ajan, ellemme palaisi. Kahteen vuoteen emme tehneet juuri mitään. Kokeilimme joitakin työpaikkoja, mutta aivan yksinkertaisistakin tehtävistä oli vaikea suoriutua. Puolen tunnin mittainen looginen ajatusketju tuotti vaikeuksia. Yksinkertainen työ, kuten nurmikon leikkaaminen, oli minulle valtava ponnistus. Minun oli aina saatava nukkua nurmikon leikkaamisen jälkeen. Ei siksi, että olin fyysisesti väsynyt, vaan siksi että se väsytti henkisesti.

Tämän kokemuksen myötä aloin tarkastella uudelleen monia kristityn elämään liittyviä asioita. Olin aina pitänyt tärkeänä täyttää kaikki velvollisuudet, joita liittyi omiin hartaushetkiini, saarnojen valmistamiseen ja sairaiden luona käymiseen. Kun toimin pastorina, työhuoneessani kävi jatkuvana virtana ihmisiä kertomassa omista ongelmistaan. He lähtivät sieltä vapaina mutta jättivät ongelmansa *minulle.* Nyt *minä* kannoin niitä, ja he sen sijaan voivat paremmin. Tämä kasaantui vuosien mittaan, kunnes en enää kestänyt sitä. Rupesin ajattelemaan, että on pakko olla parempikin tapa.

### AIKUISEKSI KASVAMISEN PAINE

Parin vuoden kuluttua sain kutsun tulla pastoriksi pieneen karismaattiseen baptistiseurakuntaan Aucklandissa. Menin käymään siellä ja kerroin heille terveydentilastani. Kerroin, mitä lääkäri ja läheiset ystävät olivat sanoneet minusta. He vastasivat: "Emme pyydä sinua tekemään paljon. Jos voisit tehdä pari päivää viikossa, se olisi hyvä alku." He olivat hyvin armollisia meille. Olimme siellä seuraavat seitsemän vuotta. He paransivat meidät, ja me paransimme heidät. Hekin olivat käyneet läpi vaikean ajan pastorinsa ja vanhimmistonsa lähdettyä tiehensä. Pystyimme kiinnittämään ihmisten huomion takaisin Herraan eikä niinkään ongelmiin, ja Herra paransi meidät kaikki sinä aikana, jonka vietimme yhdessä.

Vuonna 1994 kuulin Toronton herätyksestä ja lähdin Kanadaan. Kaikki, mitä Jumala teki siellä, kosketti minua syvästi. Minusta tuntui, että sisimpääni puhallettiin uutta elämää. Saatoin aistia Herran siunauksen ja tunsin, että meille oli koittanut uusi päivä. Vuonna 1997 ostimme lentolipun maapallon ympäri matkustaaksemme Jack Winterin kanssa ja nähdäksemme, mitä Jumala tekisi kauttamme. Emme purkaneet matkalaukkujamme neljään ja puoleen vuoteen, ja matkustamme vieläkin tässä tehtävässä ja elämme tätä uutta päivää.

Tultuani uskoon minulle opetettiin pääasiassa tähän tapaan:

*Nyt kun olet tullut uskoon, sinun täytyy kasvaa Herrassa. Sinun täytyy tulla kypsäksi. Sinun täytyy saada voitto! Mitä sitten tapahtuukin, sinun täytyy tehdä läpimurto. Sinun on etsittävä Jumalaa ja löydettävä hänet kussakin tilanteessa. Sinun on oltava voittaja! Jne. jne.*

Oli siis olemassa jatkuva paine tulla kypsäksi. Noihin aikoihin lauloimme erästä laulua, jota inhosin. Suurin osa sanoista oli otettu Raamatusta, mutta oli yksi säe, joka vääristi täysin kaikkien muiden laulussa olevien raamatunkohtien merkityksen. Pyydän anteeksi tämän laulun tekijältä, mutta se kuuluu jotenkin näin:

*Olen voittaja, olen voittoisa, hallitsen Jeesuksen kanssa, istun hänen kanssaan taivaallisissa.* Tähän asti kaikki on raamatullista. Mutta sitten tulee se säe, jota en pystynyt laulamaan: *En tunne tappiota, vain voimaa ja valtaa.* Tiedän, että tämän tarkoitus on olla myönteinen tunnustus, mutta jos minun olisi sanottava näin, se olisi valhe, sillä olen tuntenut moniakin tappioita enkä pelkästään voimaa ja valtaa.

Viesti, jota jatkuvasti korostettiin, oli tämä:

*Sinun on ajateltava myönteisesti. Et saa päästää mieleesi yhtäkään kielteistä ajatusta, koska olet voittaja! Sinun täytyy vaeltaa uskossa ja pitää kiinni voitosta. Sinun täytyy saada asiasi kuntoon, sinun on oltava kykenevä ja täynnä uskoa. Sinun täytyy tuntea Sanaa, kuunnella kaikkia saarnaajia ja lukea kaikki kirjat. Sinun täytyy tulla kristityksi, jolla on kaikki kunnossa, kypsäksi Jumalan mieheksi!*

Sanottiin näin: "Kun tulet uskoon, sinun on tosiaankin saatava kaikki asiasi kuntoon!" Ymmärrän nyt, että jos *todella* näyttää siltä, että kaikki on kunnossa, se vain näyttää siltä! Suurin osa myönteisestä puheestamme on pikemminkin uhoa kuin uskoa. Jos voimme olla rehellisiä siinä, mitä olemme, sen sijaan että kiellämme tosiasiat, voimme vallata paljon alaa hengellisesti. Monet asiat, joita meitä opetettiin tekemään, olivat eräänlaista kieltämistä, eikä asioiden kieltäminen ole voitto.

## RITARI VALKEAN RATSUN SELÄSSÄ

Joitakin vuosia sitten näin näyn, joka muutti elämäni. Näyssä seisoin ikivanhassa metsässä. Tiesin, että metsä oli hyvin vanha, koska siinä kasvoi valtavia tammia, joiden oksat ulottuivat kauas sivuille. Se muistutti *Robin Hood* -tarinoiden Sherwoodin metsää. Seisoin ruohikon keskellä, ja katsoessani tarkemmin huomasin äkkiä seisovani ikivanhalla polulla, jota ei enää käytetty ja joka oli aivan ruohottunut. Saatoin nähdä polun kiemurtelevan puiden keskellä. Seisoessani siinä havaitsin, että jokin oli tulossa metsän läpi minua kohti.

Kun se tuli lähemmäksi, saatoin nähdä, että se oli valkoinen hevonen, jonka selässä istui keskiaikainen ritari. Hänen yllään oli loistava, hopeanhohtoinen haarniska. Ritarin kädessä oli miekka, jota hän piti ilmassa — ei hyökkäysasennossa vaan lapepuoli eteenpäin. Hänen toinen käsivartensa oli ojennettu sivulle kämmen avoimena. Kummallista kyllä, hänellä ei ollut lainkaan ohjaksia! Hänen yhä lähestyessään näin, että hevonen *tanssi!* Pari askelta eteenpäin ja pari askelta taaksepäin. Pari askelta tuonne ja pari askelta tänne. Se toisti tätä liikettä yhä uudelleen. Sillä ei ollut mitään kiirettä. Ritari vain istui ratsun selässä kädet ojennettuina ja miekkaa pidellen.

Ritari lähestyi minua hitaasti tanssivalla hevosellaan, ja silmäni alkoivat erottaa muutakin liikettä. Metsän pimennoista tuli ihmisiä polulle päin. Hevosen ja ratsastajan ympärillä hohti valo, joka ulottui metsän pimeyteen. Jotkut itkivät, ja jotkut nauroivat. Jotkut olivat haavoittuneita ja konttasivat valoa kohti täyttyen suurella ilolla. Jotkut tanssivat kuin pienet lapset, pitivät toisiaan käsistä ja pyörivät piirissä. Jotkut polvistuivat polunreunalle palvoen Herraa kädet kohotettuina ritarin ratsastaessa ohi. Ritari ei ollut Herra itse, mutta hän kantoi Herran kirkkautta, ja se säteili hänestä metsän pimeyteen.

Säpsähdin äkkiä huomatessani, että seisoin aivan keskellä polkua. Minulla ei kuitenkaan ollut mitään pelättävää, enkä tuntenut, että minun olisi väistyttävä syrjään heidän tieltään. Seisoin paikallani, ja hevonen tuli aivan luokseni ja pysähtyi. Ritarin kypärässä oli silmikko, joka kätki hänen kasvonsa. Vaikutti siltä, ettei hän ollut kiinnostunut minusta, eikä hän kiinnittänytkään minuun mitään huomiota. Hän vain istui liikkumatta. Sitten tunsin vaistomaisesti, että minua kehotettiin panemaan jalkani jalustimelle, jossa ritarin jalka oli. Panin siis jalkani siihen hänen jalkansa päälle ja vedin itseni ylös hänen viereensä. Hän ei muuttanut asentoaan vähääkään. Hänen miekkansa oli edelleen ylhäällä ja kätensä ojennettuna. Katsoin häntä, mutta en nähnyt hänen kasvojaan, koska silmikko oli edessä ja sen aukko oli niin kapea, ettei sen takaa näkynyt mitään.

Kurottauduin nostamaan silmikon pois hänen kasvojensa edestä. Mutta tehtyäni sen huomasin, ettei siellä näkynyt kasvoja! Ei mitään kasvoja. Otin koko kypärän pois, ja järkytyksekseni huomasin, ettei ollut päätäkään! Sitten kurkistin haarniskan kaula-aukkoon, ja siellä aivan haarniskan pohjalla istui pieni poika — vain pieni poika! Pojan kasvoilla oli leveä hymy, aivan kuin hän olisi sanonut: *Tämä on vuosisadan paras vitsi! Minä vain istun tämän hevosen selässä, me tanssimme, ja kaikenlaisia asioita tapahtuu ympärilläni. Ihmiset tulevat Herran luokse, saavat kosketuksen, pelastuvat, paranevat ja tulevat siunatuiksi. Tapahtuu vaikka mitä — ja kaikki luulevat minua suureksi Jumalan ritariksi. Mutta olen vain pikkupoika!* Nähdessäni tämän kaiken ja nähdessäni tuon pikkupojan kasvot ja leveän hymyn aloin ensimmäistä kertaa elämässäni ymmärtää, mistä kristillisessä palvelutyössä todellisuudessa on kysymys.

## SEURAKUNTA MERKITSEE JUHLAA

Vuosien mittaan seurakuntaa on kuvattu monin eri tavoin. Sitä on verrattu armeijaan. Joku on joskus kirjoittanut kirjan nimeltä

*The Bride with Combat Boots* (Morsian taistelusaappaissa). Vaikka en ole lukenut tätä kirjaa, täytyy sanoa, etten pidä sen nimestä. Kuvittele olevasi häissä, kun musiikki alkaa soida ja morsian kävelee alttarille: tässä tulee morsian... *klomps, klomps, klomps.* Häävieraat kääntyvät katsomaan, kun morsian kävelee pitkin kirkon käytävää taistelusaappaat kolahdellen kivilattiaa vasten. En voi uskoa tällaiseen kuvaan morsiamesta.

Olemme ajatelleet, että seurakunta on armeija, jossa jokaisen on marssittava tahdissa sotilaallisen täsmällisesti. Mutta seurakunta sisältää moninaisemman kirjon lahjoja ja vapautta kuin olemme ikinä voineet kuvitella. Ei ole missään vaiheessa ollut tarkoitus, että seurakunta tekisi kaikista samanlaisia. Se on paikka, jossa kukin yksilö voi täysin vapaasti ilmaista itseään täydellisessä yhteisymmärryksessä toisten kanssa. Seurakunta on lahjojen sinfonia Pyhän Hengen toimiessa kapellimestarina. Jotkut ovat verranneet seurakuntaa sairaalaan, jossa me kaikki makaamme sängyissämme, kunnes tulemme kuntoon. Tämä on vallitseva käsitys seurakuntapiireissä, mutta minä olen löytänyt totuuden. Tiedätkö, mikä seurakunta *todella* on? Seurakunta on yhtä kuin *juhlat.*

Nuorena uskovana minua kehotettiin jatkuvasti menemään ulos pelastamaan maailmaa. Maailma tarvitsee pelastusta, tietenkin! Jeesus on vastaus. Mutta minun tietoni ja ymmärrykseni (*edes* kristinuskosta) ei pelasta maailmaa. Kun olin selvinnyt loppuunpalamisestani, luokseni tuli ihmisiä kertomaan ongelmistaan. Kuunnellessani heitä toistelin mielessäni: "Tämä ei ole minun ongelmani. Minun ei tarvitse hoitaa tätä." Rukoilin, että Herra auttaisi heitä ja palvelisi heitä, koska en voinut ottaa näitä taakkoja päälleni. Elämässämme on asioita, jotka ovat ennen kaikkea Herran ja meidän välisiä. Ihmiset voivat auttaa, mutta he eivät voi kantaa meitä. Niinpä opin, kuinka voin pitää itseni vapaana taakoista ja olla pienen lapsen kaltainen.

## Lapsenkaltaisuus

Olen huomannut erityisen luonteenpiirteen hurskaissa ihmisissä. Kaikkein ihanimmat ja eniten Kristuksen kaltaiset ihmiset ovat myös eniten lapsen kaltaisia. Jack Winter oli todella lapsen kaltainen. Hän vain uskoi Raamattuun, ja sen seurauksena hän näki Jumalan tekevän hämmästyttäviä asioita.

Jackilla oli esirukoilija, jonka nimi oli Amy. Hän rukoili Jackin puolesta ja myöhemmin myös meidän puolestamme. Hän oli yli 80-vuotias tavatessani hänet ensi kertaa. Hän tuli Uuteen-Seelantiin ja rukoili puolestani kielillä kahden viikon ajan kahdeksan tuntia päivässä. Se oli hänen tehtävänsä. Hän toi mukanaan ystävänsä, ja he menivät pieneen huoneeseen ja sulkivat oven perässään. Kuulimme mitä ihmeellisimpiä ääniä tuosta huoneesta. He rukoilivat suurella auktoriteetilla. Mutta kun hän lopetti rukouksen ja tuli ulos huoneesta istumaan ruokapöytään kanssamme, hän oli kuin kolmivuotias pikkutyttö! Hän laski koko ajan leikkiä. Hänen kanssaan oli todella hauska olla, ja hänellä oli viattoman puhdas nauru, jossa ei ollut tippaakaan hienostelua. Aivan kuten pikkulapsikaan ei osaa hienostella eikä olla arvokas, hänkään ei osannut. Hän oli kuin pikkutyttö.

Meille on tavan takaa sanottu, että meidän täytyy kasvaa aikuisiksi. Meille on sanottu, että meidän pitää tulla päteviksi ja kypsiksi, olla täynnä uskoa ja voimaa. Meille on sanottu, että meidän täytyy oppia kaikki läksyt ja kerätä tietoa voidaksemme aina antaa vastaukset ihmisten kysymyksiin. Saarnaajat sanoivat minulle usein: "Jos seurakunta todella hoitaisi tehtävänsä, tekisimme sitä ja sitä, koska meidän vastuullamme on saada tämä maailma kuntoon." Tiedätkö, mistä Jumala löysi meidät? Hän löysi meidät katuojista, syrjäkujilta ja aitovieriltä — jotkut aivan kirjaimellisesti. Elämämme oli yhtä sotkua. Emme ole tämän maailman jalosukuisia. Emme ole niitä, joilla on kaikki kunnossa. Olemme niitä, joilla ei ollut toivoa; jotka eivät osanneet tehdä mitään oikein. Minut hän löysi jostakin puun alta erämaan keskeltä. En tiedä, miksi hän valitsi minut. Olen yhteiskunnan pohjasakkaa. Miksi hän tuli etsimään minua?

Ihmisen tarkoitus on *palvoa Jumalaa ja nauttia hänestä ikuisesti*, sanoo Westminsterin tunnustus. Se riittää. Emme tarvitse yhtään enempää. Tämä sopii sekä palvelutyöhön että henkilökohtaiseen elämäämme. Kristinusko ei ole tie pätevyyteen vaan *tie lapsen-kaltaisuuteen*. Mitä enemmän tulemme lapsen kaltaisiksi, sitä lähempänä Jumalaa olemme. Ja mitä lähempänä häntä olemme, sitä enemmän lapsen kaltaisia meistä tulee. Olisiko Jeesus sanonut meille: *Ellette tule pienen lapsen kaltaisiksi, ette pääse taivasten valtakuntaan*, mutta hän itse ei olisi ollut lapsen kaltainen?

Lapset osaavat nauttia elämästä. Kummalla on enemmän iloa: asianajajalla vai lapsella? Kuka on paras nauramaan katketakseen: arkkitehti, poliisi vai pikkutyttö? Vastaus on aina: lapsi. Miksi? Koska lapset eivät yritä olla hyviä ja päteviä. Lapset nauravat asioille, joille me emme edes hymyile. Heillä on uskomaton kyky nauttia käsillä olevasta hetkestä. Monesti kristinusko sellaisena kuin me sen tunnemme on lisännyt elämämme vakavamielisyyttä. Tasapainoilemme kuin nuorallatanssija pelätessämme, ettemme tee asioita oikein tai elä oikein. Ei ihme, että joku ei-kristitty katsoo meitä ja ajattelee: *En halua tulla tuollaiseksi!*

## JEESUS OLI LAPSEN KALTAINEN

Jeesus oli itse äärettömän paljon lapsen kaltainen. Matteus 11:25 sanoo: *Tuohon aikaan Jeesus kerran puhkesi puhumaan ja sanoi:*

*"Minä ylistän sinua, Isä, taivaan ja maan Herra, siitä että olet salannut tämän viisailta ja oppineilta mutta ilmoittanut sen lapsen-mielisille."*

Kesti monta vuotta, ennen kuin ymmärsin, että todellisuudessa Jeesus puhuu tässä itsestään. Mitä sitten on "tämä", josta Jeesus puhuu? Hän puhuu siitä, mitä hän on opettanut edeltävissä luvuissa. Jos sitä ei ole ilmoitettu viisaille ja oppineille, *kenelle* se sitten on ilmoitettu? *Se on ilmoitettu Jeesukselle.* Juuri hän opetti siitä. *Isä ilmoitti hänelle nämä asiat, koska hänellä oli pienen lapsen sydän.* Hän sanoo: *Se, mitä minä opetan, ei ole minun oppiani.* (Joh. 7:16) Toisin sanoen: "En ole selvittänyt tätä teologisesti. Minulla ei ole mielipiteitä opillisista kysymyksistä."

Hän sanoi myös: *Poika ei voi itsestänsä mitään tehdä* (Joh. 5:19, vuoden 1938 suomennos). Hän ei sanonut: "Poika ei tee mitään *itse*", kuten monet meistä lukevat tämän kohdan. Hän sanoi: "Poika ei voi tehdä mitään *itsestänsä.*" Toisin sanoen: "Minussa ei ole mitään, mikä pystyy tekemään näitä asioita, joita teen, tai opettamaan sitä, mitä opetan. Tekemäni ihmeet tapahtuvat minun *kauttani*, eivät minusta itsestäni. Lausumani sanat eivät ole minun sanojani. Isä, joka asuu minussa, tekee tämän kaiken."

Jeesus ei sanonut: "Poika *ei tahdo* tehdä mitään itsestänsä." Hän ei myöskään sanonut: "Poika on *päättänyt* olla tekemättä mitään itsestänsä." Hän sanoi: "Poika *ei voi* tehdä mitään itsestänsä." Uskomaton väite!

Sanon tämän kaikella kunnioituksella, mutta Jeesus oli uskomattoman epäpätevä. Hän ei ollut aikuinen ja kypsä! Hän oli lapsen kaltainen. Nykyajan seurakunnissa pyritään usein olemaan viisaita ja ymmärtäväisiä. Jack Winterillä oli tapana huomauttaa, että pastorien ja johtajien on usein vaikea vastaanottaa tätä ilmestystä. Koska olen itse ollut pastori, voin hyvin ymmärtää ne paineet, joiden alla pastorit ja johtajat ovat. Pastorit ovat usein sitä mieltä, että tämä sanoma on hyvä seurakuntalaisille mutta ei sovi johtajille. Seurakuntien johtajien on avattava sydämensä ottamaan vastaan sitä, mitä Jumalalla on heitä varten.

Viisaus on sitä, että osaa toimia oikein tietyssä tilanteessa, kun taas ymmärrys on sitä, että osaa tehdä oikeita päätöksiä tulevaisuuden suhteen. Pastorit keskittyvät usein siihen, että asiat tehtäisiin oikein: "Mitä on oikein sanoa, mikä on oikea tapa lähestyä tätä tilannetta? Mikä on oikea tapa tehdä tämä? Mitä teemme johtajien kokouksessa? Miten valmistaudumme seuraavaan viiteen vuoteen?" Vähitellen on yhä olennaisempaa, että elämme oikein ja teemme "oikeita asioita". Jack uskoi, että pastoreista on usein tullut niitä "viisaita ja ymmärtäväisiä", jotka ovat sulkeneet pois lapsen kaltaisen sydämen.

En väitä, ettei meidän pitäisi tehdä näitä asioita, mutta ei pidä luulla, että se johtaisi kypsyyteen. Kun alamme ajatella tähän tapaan: *Kypsyys on juuri tätä, ja nyt olen kypsä kristitty, koska teen kaikkia näitä asioita,* silloin tavoitteenamme on saada viisautta ja ymmärrystä, mikä todellisuudessa estää meitä saamasta ilmestystä. Ilmestys tulee *lapsen kaltaiseen* sydämeen. Uskon, että tässä on yksi syy siihen, että Kristuksen ruumis ei viime vuosisadalla ole juurikaan päässyt sisään todelliseen ilmestykseen ja läheisyyteen Jumalan kanssa. Olemme pyrkineet tulemaan viisaiksi ja ymmärtäväisiksi, kun taas Herra johdattaa meitä tulemaan pienten lasten kaltaisiksi.

## TIETO EI TEE ONNELLISEKSI

Muutama vuosi sitten olin Hollannissa, Vlissingen-nimisessä paikassa. Eräänä aamuna juodessamme aamukahvia isäntäni sanoi minulle: "James, olen huomannut jotakin. *Se, että tietää kaiken, ei tee ihmistä onnelliseksi.*" Tämä lause teki minuun valtavan vaikutuksen. Uskoontulostani lähtien minulle on tolkutettu, että minun pitää tietää kaikki asiat ja että ollakseni hengellinen johtaja minun pitää muodostaa mielipide kaikesta. Minun on tiedettävä, mitä jokainen raamatunkohta todella tarkoittaa, tai ainakin oltava tietoinen kaikista vallitsevista käsityksistä. Tunsin painetta *tietää kaiken.*

Vähän myöhemmin, ollessani yhä Hollannissa, olin puhujana miestentapahtumassa, ja huonetoverinani oli isokokoinen, jylisevällä äänellä puhuva hollantilaismies. Meistä on sittemmin tullut hyviä ystäviä. Sunnuntaina viimeisen tilaisuuden jälkeen istuimme vuoteillamme odotellen kyytiä takaisin Amsterdamiin. Istuessamme siinä hän kysyi minulta jotakin johtajuuteen tai kristilliseen palvelutyöhön liittyvää. Vastasin: "Jaa, en tiedä." Hänen silmänsä laajenivat, ja sitten hän kaatui selälleen vuoteelle *mylvien* naurusta. Koko vuode tärisi hänen naurustaan. Parin minuutin kuluttua hän katsoi minuun: *Et tiedä?* Vastasin: "Niin, en tiedä." Hän kaatui taas selälleen vääntelehtien naurusta. Minä vain istuin ihmetellen hänen reaktiotaan. Lopulta hän nousi istumaan ja sanoi: "James, olet saarnaaja. *Sinun täytyy tietää!*" Tämä on se paine, joka meihin kohdistuu. Paine saada yhä lisää tietoa, saada viisautta ja tulla asiantuntijaksi.

## Paul Simonin laulu

Loppuunpalamisemme jälkeen Denise ja minä menimme Australiaan opettamaan Missionuorten kouluissa aikaisemmin tehtyjen sopimusten mukaisesti. Se oli meille hirveää aikaa. Olimme lopen uupuneita, mutta Herra auttoi meitä kaikessa, mitä meidän täytyi siellä tehdä. Ajoimme Australian takamaiden läpi Adelaidesta Brisbaneen ja olimme ohittaneet Bourken kaupungin kaukana läntisessä New South Walesissa. On olemassa sanonta "Bourken takana", ja se tarkoittaa, että ollaan todella takamaiden perukoilla! Harvat australialaiset edes menevät niin kauas takamaille. Ajoimme pitkin näitä teitä, joilla voi ajaa 12 tuntia ilman minkäänlaista muutosta maisemissa.

Ajaessamme kuuntelimme autostereoilla Paul Simonin levyä *Graceland*. Siinä on laulu, joka kertoo hahmosta nimeltä Lihava Arkkienkeli Charlie. Sanat kuuluvat näin: *Lihava Arkkienkeli Charlie kuljeksi huoneessa. Hän sanoi: "Minulla ei ole mitään mielipidettä tästä. Eikä minulla ole mitään mielipidettä tuosta."* Yhtäkkiä Denise ja minä purskahdimme nauruun. "Arkkienkelillä" ei ollut mitään mielipidettä! On siis ihan okei olla tietämätön! Vaikka olisit arkkienkeli! Kun aloimme nauraa, aikuiseksi kasvamisen paine — paine olla vahva ja kypsä ja saada kaikki asiat kohdalleen — alkoi haihtua. Kun on vuosikausia ponnistellut tullakseen tietäväiseksi, on valtavan helpottavaa ajatella, ettei arkkienkelilläkään ole mielipidettä.

## "KIIRE, KIIRE, KIIRE"

Usein mennessäni johonkin seurakuntaan minulla on tilaisuus viettää pieni hetki pastorin kanssa ennen kokousta, jossa minun on määrä puhua. Jokaisella seurakunnalla on oma kulttuurinsa, kuten jokaisella kansakunnallakin. Käyn monissa eri seurakunnissa, ja tullessani johonkin paikkaan ensimmäistä kertaa hengelliset antennini ovat pystyssä ja yritän selvittää sen paikan kulttuurin ja uskomukset, jotta voisin rakentaa hyvät suhteet heihin ja kommunikoida tehokkaasti. Usein kyselen pastorilta muutamia asioita, ja vastaukset antavat minulle paljon lisävaloa. Yksi kysymys, jonka esitän pastorille, on tämä: "Miten seurakunnallasi menee?" Hyvin usein saan seuraavan tapaisen vastauksen:

*Voi, olemme kovin kiireisiä. Täällä on kova meno päällä! Meillä tapahtuu paljon, seurakunta todella kasvaa. Meillä on tämä konferenssi, ja tuo puhuja on tulossa. Laajennamme pysäköintialuetta ja suurennamme keittiötä. Tällä viikolla meiltä lähtee tiimiläisiä Afrikkaan. Nuortenryhmä todella kasvaa. Se on jo niin iso, että meille tulee uusia pastoreita nuorisotyöhön. Ja pitää saada lisää liikenteenohjaajia parkkialueelle. Keräämme rahaa tähän ja keräämme rahaa tuohon. Perustamme uuden seurakunnan tänne ja toisen tuonne. Naistyö on päässyt kunnolla vauhtiin, ja järjestämme evankelioimistapahtumia naapurikaupungissa.*

En kuule muuta kuin: ”Kiire, kiire, kiire.” Monet pastorit luulevat, että juuri tällaista halutaan kuulla. Jos olet vieraileva puhuja, he haluavat antaa sinulle hyvän vaikutelman. Kun kuulen kaikesta kiireestä, ajattelen: ”Oi voi. Mikähän täällä on vikana?”

Kuvittele, että menisit Jeesuksen luo hänen kävellessään jossakin Nasaretin tienoilla ja kysyisit häneltä: ”Miten palvelutyössä menee, Jeesus?”

*Voi, on kiire, kiire, kiire! Olemme iltapäivällä lähdössä Kapernaumiin, ja meidän täytyy järjestää vene, jolla voimme mennä kauemmas, koska väkeä tulee liikaa. Meillä ei ole mikrofoneja, mutta voimme käyttää vettä. Lasaruskin kuoli juuri, ja minua odotetaan Betaniaan, sillä Martta ja Maria ovat ihan järkyttyneitä. Minun olisi pitänyt olla siellä jo monta päivää sitten, mutta tässä on ollut niin niin niin kova meno päällä! Olen puhunut ja opettanut siellä ja täällä, ja täytyy tehdä töitä opetuslasten kanssa, mutta Pietari on kyllä pienoinen ongelma, joten hänet täytyy saada järjestykseen. Ja siihenkin meni aikaa, kun kävin heittämässä rahanvaihtajat ulos temppelistä. Tiedätkö, sitten joku kuoli, ja minun oli pakko pysähtyä siihen, ja taas täytyi mennä toiseen paikkaan herät-*

*tämään joku toinenkin kuolleista. Olemme siis hiukan jäljessä aika-*
*taulusta, mutta saimme sentään kuntoon naisen, jolla oli verenvuo-*
*totauti, ja nyt olemme taas matkalla eteenpäin. On niin niin niin*
*kova meno päällä! Täytyy nämä opetuslapsetkin saada koulutettua.*

En usko, että Jeesus olisi vastannut tällä tavalla, jos olisit kysynyt
häneltä, miten hänen palvelutyössään menee. Hän olisi toden-
näköisesti sanonut jotakin tällaista: *Isä on todella ihmeellinen.*
*Olemme nähneet hänen tekevän hämmästyttäviä asioita. Olemme*
*tässä mukana vain sivustaseuraajina. On uskomatonta, mitä hän*
*tekee. En se minä ole, hän se on! Hän sanoo minulle, mitä minun*
*pitää sanoa, ja sanon sen. On uskomatonta nähdä, mitä tapahtuu,*
*kun sanon sen, mitä hän käskee minun sanoa. Kun kosketan*
*ihmisiä, näen valtavia asioita tapahtuvan. Tapasimme tässä*
*eräänä päivänä miehen, jonka käsi oli surkastunut, ja se tuli täysin*
*terveeksi. Se oli aivan mahtavaa! Tämä on ihmeellistä aikaa!*

Uskon, että Jeesus oli täynnä iloa. Kun Johannes Kastajan
opetuslapset tulivat kysymään häneltä: *Oletko sinä Messias vai*
*pitääkö meidän odottaa toista?* Jeesus vastasi heille: *Kertokaa*
*Johannekselle, mitä kuulette ja näette: sokeat saavat näkönsä,*
*rammat kävelevät ja kuurot kuulevat.* Hän ei katsonut tarpeelliseksi
vakuuttaa Johannekselle, että hän on Messias. Uskon, että *todelli-*
*suudessa* hän tarkoitti: "Tapahtuu ihmeellisiä asioita. Me emme tee
yhtään mitään. Jumala tekee kaiken. Olemme kuin pienet lapset,
jotka leikkivät savella, ja kaikki on hauskaa."

Kuten aikaisemmin sanoin, olen tullut siihen tulokseen, että
Jumalan valtakunta merkitsee juhlaa. Hyvin usein olemme tehneet
siitä evenkeliointikampanjan tai aatteen. Olemme tehneet siitä
jotakin vakavaa ja raskasta. Ei ole koskaan vaikeaa kutsua ihmisiä
juhliin, mutta voi olla vaikeaa saada heitä tulemaan seurakuntaan.

## HEIKKOUTESI ON VAHVUUTESI

Apostoli Paavali tiesi, mitä on elää heikkoudessa. Hän puhuu siitä toisessa kirjeessään Korintin seurakunnalle. Muuten, minusta on erittäin mielenkiintoista, että Paavali puhuu varsin paljon itsestään. Olisi kiinnostavaa tutkia niitä kohtia Paavalin kirjoituksissa, joissa hän käyttää sanoja *minä, minua, minulle* tai *minun*. Kuusi kertaa hän neuvoo kirjeissään: "Seuratkaa minun esimerkkiäni." Väittäisin, että joka kerta kun Paavali puhuu itsestään, siihen kannattaa kiinnittää erityistä huomiota. Toisen Korinttilaiskirjeen 12. luvun jakeessa 7 Paavali alkaa puhua itsestään sanomalla näin:

*Jotta nämä valtavat ilmestykset eivät tekisi minua ylpeäksi, olen saanut pistävän piikin ruumiiseeni, Saatanan enkelin kurittamaan itseäni, etten ylpistyisi.*

Emme tiedä tarkalleen, mikä tämä pistävä piikki oli, mutta sen tiedämme, että Paavalilla oli ongelma. Se ei myöskään ollut mikään yksinkertainen ongelma. Jotkut ovat vitsailleet, että pistävä piikki oli hänen vaimonsa. En pidä sitä ollenkaan uskottavana! Olen huomannut, että yleensä aviomiehet ovat pistävämpiä piikkejä vaimoilleen kuin päinvastoin. Jotkut ovat sanoneet, että Paavalin piikki oli se, että hän oli pienikokoinen, koska hänen nimensä tarkoittaa 'pieni'. Hänen veroiselleen miehelle tällaisella seikalla tuskin olisi ollut paljonkaan merkitystä. En usko, että se olisi vaikuttanut Paavaliin vähääkään. Jotkut ovat sanoneet pistävän piikin olleen se, että Paavali oli tulossa sokeaksi. Tämä saattaisi olla mahdollista. Hän sanoo Galatalaiskirjeessä: *Voin todistaa teistä, että olisitte silloin antaneet minulle vaikka silmät päästänne, jos se olisi ollut mahdollista* (Gal 4:15). Hän tiesi heidän rakastavan häntä, koska hän oli julistanut heille evankeliumia. Mikä tämä pistävä piikki sitten olikin, se oli hänelle todellinen ongelma. Lisäksi hän kuvaa sitä "Saatanan enkeliksi", joten sen on täytynyt olla hänelle hyvin ahdistavaa.

Seuraavassa jakeessa hän sanoo:

*Olen kolme kertaa pyytänyt Herralta, että pääsisin siitä.*

Paavali oli käynyt läpi monenlaisia asioita ja kokenut kaikessa Jumalan armoa. Mutta mikä tämä asia sitten olikin, se sai hänet pyytämään kolmeen otteeseen, että Jumala ottaisi sen pois. Tämä asia vaikeutti ilmiselvästi hänen elämäänsä. Kun hän pyysi Herraa ottamaan sen pois, hänen pyyntöönsä ei suostuttu. Mutta Jumala sanoi hänelle: *Minun armoni riittää sinulle. Voima tulee täydelliseksi heikkoudessa.*

*Jumalan voima tulee täydelliseksi heikkoudessa.* Totuus on, että jos haluat Jumalan voiman olevan ylläsi mutta olet vahva itsessäsi, sinä käytännössä kiellät itseltäsi mahdollisuuden saada Jumalan voiman. Jumalan voima tulee heikoille ihmisille. Paavalin voima ei ollut siinä, että hän oli tullut vahvaksi ja päteväksi ja tiesi kaikki vastaukset. Päinvastoin: Jumalan armo tuli hänen osakseen *siksi, että* hän oli heikko. Herra sanoi: "Minun armoni riittää sinulle. Minun voimani tulee täydelliseksi heikkoudessa."

Olen huomannut, että jos luulen Jumalan käyttävän minua siksi, että rukoilen paljon, tai siksi, että olen tehnyt sitä tai tätä, *sydämeni ottaa kunnian itselleen.* Voin jopa sanoa: "Annan kaiken kunnian Herralle", mutta Herra ei ota huomioon sanojani vaan katsoo sydämeeni. Kun sydämemme ottaa kunnian itselleen, se pysäyttää Jumalan voiman. Hän ei jaa kunniaansa kenenkään kanssa. Vaatii uskoa tietää olevansa täysin epäpätevä Jumalan käyttöön. Vaatii enemmän uskoa astua esiin ja luottaa siihen, että Jumala käyttää. Vaatii paljon enemmän uskoa astua esiin Jumalan varassa, kun meillä on pakahduttava tunne, ettei meissä ole kerrassaan mitään, mikä olisi hyödyllistä Jumalalle.

## OLE PIENI LAPSI

Näemme vielä yhden esimerkin Paavalin heikkoudesta Ensimmäisen Korinttilaiskirjeen toisessa luvussa. Tutkijoiden mukaan Korintin seurakunta oli kaikkein lihallisin tuon ajan seurakunnista. Sellainen maine sillä ainakin oli. Tässä on Paavali, juutalaisuuden huippuopiskelija omana aikanaan. Hän oli lahjakas ja täynnä uskonnollista kiihkoa. Hän oli saanut Herralta niin uskomattomat ilmestykset, että hän tarvitsi jopa pistävän piikin estämään häntä tulemasta ylpeäksi sydämessään. Apostoli Pietarikaan ei ymmärtänyt kaikkea, mitä Paavali sanoi. Hän kirjoitti näin (2. Piet. 3:15–16): *Näinhän myös rakas veljemme Paavali on hänelle annetun viisauden mukaisesti teille kirjoittanut. Samaa hän sanoo kaikissa kirjeissään, joissa puhuu näistä asioista. Niissä tosin on yhtä ja toista vaikeatajuista.* Pietari pinnisteli ymmärtääkseen, mistä Paavali puhui. Paavalin ilmestyksen syvyys oli ilmiselvästi uskomaton, ja tässä hän nyt tulee Korintin seurakuntaan ja yrittää saada heidät järjestykseen.

Kirjeensä 2. luvun jakeessa 3 Paavali kirjoittaa Korintin seurakunnalle: *Te näitte minut hyvin heikkona, hyvin arkana ja pelokkaana.*

Paavali ei tullut Korinttiin sanoen: "Olen ottanut selville kaiken seurakuntakasvuun liittyvän. Tiedän, miten homma toimii. Voin tulla selvittämään kaikki ongelmanne. Tiedän, mitä sanon seurakunnan johtajille ja työntekijöille. Minulla on käytännön kokemusta. Minä osaan asiani. Panen seurakuntanne kuntoon viikossa, korkeintaan kahdessa, helppo juttu." Hän ei sanonut mitään tällaista, vaan hän sanoi: *Tulin luoksenne hyvin heikkona, hyvin arkana ja pelok-kaana.* Hän ei tiennyt, mitä hänen pitäisi tehdä.

Paavali oli oppinut saman salaisuuden, jonka Jeesus tiesi: ole pieni lapsi. Kun luulemme tietävämme, kuinka kaikki tehdään, emme ole kelvollisia.

Jumala tulee meidän heikkouteemme. Sinulla ei tarvitse olla kaikki asiat kunnossa voidaksesi olla Jumalan poika tai tytär. Yksi Denisen parhaista ystävistä, Katie, kertoi oman todistuksensa kokouksessa muutama vuosi sitten, enkä ole eläessäni kuullut yhtä järkyttävää todistusta. Mitä enemmän hän kertoi, sitä enemmän tunsin, että hän on sisareni. En ollut kokenut samanlaista kipua, mutta saatoin samastua hänen tarinaansa. Kun ihmiset esittävät, että he ovat vahvoja ja heillä on kaikki asiat kunnossa, en mitenkään kykene samastumaan siihen. Tiedän, että välillä *näyttää* siltä kuin minulla olisi kaikki kunnossa, ja voitelun tullessa näyttää siltä kuin ylläni olisi haarniska. Saattaa näyttää siltä, että olisin todella Jumalan ritari. *Mutta riisu kypärä pois ja katso sisälle kaula-aukkoon.*

## EI ENÄÄ PELIEN PELAAMISTA

Menneinä aikoina minulla oli tapana teeskennellä olevani pätevä, ja opin kaikenlaisia pikku temppuja, joiden avulla voi näyttää vahvalta. Sitten aloin oivaltaa, että heikkouteni onkin suurin avuni. Olen vain metsästäjä, joka pelastui vahingossa! Ei se ollut minun vikani! Eräs hyvin rohkea ihminen profetoi minulle, että minusta tulisi Sanan opettaja. Se oli kaikkein rohkein profetia, mitä minulle ikinä on lausuttu, kun ottaa huomioon sen, miltä näytin silloin. Ja olin tarpeeksi hullu uskoakseni siihen. Ajattelin siis, että jos minusta tulee Sanan opettaja, minun olisi parasta alkaa lukea sitä. Olen lukenut sitä siitä lähtien. Nyt minusta tuntuu siltä kuin seisoisin ilmestyksen virrassa, ja tiedän varsin hyvin, ettei se johdu omasta pätevyydestäni.

Näiden viime vuosien aikana meillä on ollut todella hauskaa eläessämme kristittyinä. Saatoin alkaa kokea tätä vapautta ja iloa vasta sitten kun pystyin päästämään irti kaikesta siitä, millaiseksi minun olisi mielestäni pitänyt tulla, ja olemaan vain pieni poika Isäni sylissä.

Tiedätkö, mikä on avain Isän rakkauden ilmestykseen? Se, että tulet pieneksi lapseksi. *Pieneksi lapseksi.* Mitä enemmän yrität olla sivistynyt ja tietää kaiken, lukea kaikki raamatunkohdat, kuunnella kaikki saarnat ja lukea kaikki kirjat, ja mitä enemmän haluat olla suuri, vahva, aikuinen Jumalan mies tai nainen ja saada tällaisen maineen, sitä vähemmän kykenet tuntemaan Isää, joka on rakastava Isä *sinulle.*

Näyssäni metsässä ratsastavasta ritarista tunsin olevani pikkupoika... *mutta istuin valkoisen hevosen selässä.* Valkoinen hevonen on Pyhä Henki. Jos aiot istua tuon hevosen selässä, et saa pidellä ohjaksia. Sinun on mentävä sinne, minne hän tanssii. Ja tanssia se on. Jumala haluaa käyttää meitä. Hän haluaa, että hänen voimansa tulee ilmi meidän kauttamme, mutta niin ristiriitaista kuin se onkin, *sinun heikkoutesi ovat suurimpia avujasi.* Onko sinulla joitakin heikkouksia elämässäsi? Onko sinulla ongelmia, joita et osaa korjata? Ne ovat suurimpia avujasi. Usein odotamme, että Jumala korjaisi ne, ennen kuin hän voi käyttää meitä. Saanen sanoa jotakin. Hän käyttää sinua heikkoutesi keskellä. Mitä heikompi olet, sitä enemmän hän voi sinua käyttää. Suurimpana haittana ovat oma voimamme, oma pätevyytemme, omat ansiomme ja saavutuksemme. Se, että olemme "täynnä uskoa ja voimaa" ja että meillä on "homma hanskassa", on suurin esteemme.

Jos sinulla on omaa voimaa, hän antaa sinun saada oman voimasi hedelmää. Mutta jos voit olla heikko, saat nauttia hänen voimansa hedelmää, ja se on verrattomasti parempaa.

# LUKU 8

# Jumalan Lasten Ihmeellinen Vapaus

~

Haluaisin koko sydämestäni, että Jumala auttaisi sinua avaamaan sydämesi vastaanottamaan Isän rakkauden. Hänen syvin halunsa on saada omat lapsensa lähelleen, Isän sydämeen, kätkettyinä Kristukseen. Mutta ei siinä kaikki. On vielä paljon enemmän, on ihana perintöosa, johon voimme astua: perintö, joka kuuluu pojille ja tyttärille. Hän on perintöosamme, mutta vielä ihanampaa on, että me olemme *hänen* perintöosansa. Lähestymme nyt huipennusta! Se odottaa meitä edessäpäin ja avaa näkymän, joka on laaja kuin koko ikuisuus. Kiinnitä siis turvavyösi ja valmistaudu elämäsi ajomatkaan.

Tapa, jolla palvelen, voi joskus olla hyvin pelottava. Watchman Nee on huomauttanut, että on kaksi tapaa puhua voitelussa. Toinen on se, että tiedämme alusta loppuun täsmälleen, mitä aiomme puhua, ja voimme vapauttaa voitelun siihen. Toinen tapa on seurata voitelua, niin ettemme tiedä, mihin olemme menossa tai mitä seuraavaksi sanomme. Se on paljon pelottavampaa, mutta myös hauskempaa, sillä koskaan ei voi olla varma siitä, mitä Herra seuraavaksi sanoo. Joskus huomaan puhuvani tietämättä, mitä olen sanomassa, ja ihmettelen niitä asioita, joiden kuulen tulevan omasta suustani. Hyvin usein huomaan sanovani jotakin, eikä minulla ole aavistustakaan, mistä puhun!

Näin tapahtui kerran Saksassa, ja koska minulla oli tulkki, minulla oli hiukan enemmän aikaa rukoilla lauseiden välissä. Sanoin jotakin enkä tiennyt, miksi sanoin niin, mutta tunsin sen tulevan Herralta. Puhuin siitä, että Jumala haluaisi mielellään olla Isä meille kaikissa arkielämän asioissa. Hän haluaa osoittaa rakkauttaan esimerkiksi antamalla meille parkkipaikan. Puhuessani tästä kuulin itseni sanovan yhtäkkiä: *Mutta se ei ole sitä, mitä hän todella haluaa!*

### MITÄ HÄN TODELLA HALUAA?

Sanoessani näin ajattelin välittömästi: "No, *mitä* hän sitten haluaa?" Mitä muuta voisi olla? Tunsin todella, että Pyhä Henki puhuu, mutta minulla ei ollut aavistustakaan siitä, mihin hän tähtäsi! Sisimmässäni sanoin: "Herra, *mitä* sinä todella haluat?" Hän ei sanonut mitään, joten jatkoin puhumista ja sanoin: "Hän haluaa mielellään tulla jumalanpalvelukseemme ja voidella ylistyksemme... mutta ei se ole sitä, mitä hän todella haluaa!" Sydämeni huusi: "*Mitä* hän sitten todella haluaa?"

Ajatukseni laukkasivat eteenpäin, ja mietin: "Mitä ihmettä minä sanon?" Tunsin kaivavani yhä syvempää kuoppaa, josta en enää pääsisi ylös! Minulla ei ollut aavistustakaan siitä, mitä tässä tapahtuisi, mutta ei näyttänyt olevan muuta vaihtoehtoa kuin jatkaa puhumista. Niinpä aloin kertoa eräästä tapauksesta, joka sattui Deniselle ja minulle.

Kerroin, kuinka olimme pari vuotta sitten Hollannissa ja ajoimme rautatieasemalle kovalla kiireellä. Hollannissa junat lähtevät aivan täsmällisesti eivätkä odota sekuntiakaan. Ellei ole paikalla tarkalleen oikeaan aikaan, myöhästyy junasta. Olimme siis matkalla asemalle ehtiäksemme junaan. Meillä oli neljä minuuttia aikaa pysäköidä auto, nousta autosta, siepata matkalaukut mukaamme, ostaa junaliput, juosta asemalaiturille ja hypätä junaan. Aika meni siis kovin täpärälle. Tulimme parkkipaikalle, ja se oli täynnä. Kaiken lisäksi sen seinustoilla oli satoja polkupyöriä. Siitä huomasimme, että tämä oli hyvin ruuhkainen aika päivästä. Kiertelimme ympäri parkkipaikkaa etsien tyhjää ruutua, mutta sellaista ei näkynyt. Kaikki olivat varattuja. Denise rukoili: "Isä, anna meille parkkiruutu." Hän oli alkanut rukoilla heti kun saavuimme sinne, koska hän arveli, että Herralle täytyi antaa aikaa lähettää joku hakemaan autonsa pois. Jumalakin voi tarvita hiukan aikaa järjestelläkseen näitä asioita.

Ajaessamme ympäriinsä etsien paikkaa hän lisäsi vielä: "Herra, anna jonkun tulla vaikka *hiukan* huonovointiseksi ja päättää, ettei menekään tänään töihin!" En tiedä tämän rukouksen teologiasta, mutta joka tapauksessa hän rukoili näin tullessamme parkkialueen toiseen osaan. Silloin näimme alueen takaosassa miehen, joka oli juuri pysäköinyt autonsa ja käveli meitä kohti. Yhtäkkiä hän pysähtyi, kääntyi ympäri ja meni takaisin autoaan kohti. Denise huusi Vincelle, joka ajoi autoa: "Seuraa tuota miestä!" Niin syöksyimme hänen peräänsä. Tullessamme kulmaukseen mies istui autoonsa, peruutti ja ajoi tiehensä. Tyhjä parkkiruutu! Kurvasimme siihen, ja Denise sanoi: "Herra, nyt voit antaa hänen voida paremmin!" Se oli lähinnä aseman ovea oleva parkkiruutu. Hyppäsimme ulos, sieppasimme matkaliput, kiiruhdimme asemalaiturille raahaten matkalaukkujamme, alas portaita toiselle laiturille, portaat jälleen ylös, tulimme sille laiturille, jossa junamme odotti, menimme junan ovesta sisään, ovet sulkeutuivat takanamme, ja lähdimme liikkeelle. Täpärältä piti, mutta ehdimme mukaan!

Tällainen hän on. Hän rakastaa sitä, että saa olla tällainen isä lapsilleen. Mutta puhuessani tuona päivänä toistelin jatkuvasti: *"Mutta ei tämä ole sitä, mitä hän todella haluaa!* Hän haluaa mielellään voidella kampanjamme, evankeliointimme ja lähetysmatkamme, mutta *ei se ole sitä, mitä hän todella haluaa!"* Tämä lause tuli yhä uudelleen, ja tunsin ilmapiirin kiristyvän huoneessa. Kaikki ajattelivat: "No, *mitä* hän sitten haluaa?" Enkä minä tiennyt! Lopulta, kun sanoin sen jälleen kerran, hän näytti minulle.

Hän nimittäin haluaa mielellään olla isä meille kaikissa elämämme jutuissa, mutta se, mitä hän *todella* haluaa, on että tulisimme hänen pojikseen ja tyttärikseen kaikissa *hänen* elämänsä jutuissa. Hän haluaa, ettemme ainoastaan tuntisi häntä isänämme *meidän* maailmassamme, vaan että tulisimme pojiksi ja tyttäriksi hänelle *hänen* maailmassaan, *hänen* elämänsä ulottuvuudessa.

Olen huomannut, että kaikki isät ja äidit haluavat lastensa saavan samanlaisen *tai paremman* elämän kuin heillä itsellään on ollut. Mikä koulutustaso heillä sitten onkin, he haluavat lastensa saavan samantasoisen tai jopa heitä korkeamman koulutuksen. He haluavat aina parempaa lapsilleen. Jumala tuntee aivan samoin meidän, omien lastensa, suhteen. Hän on Isämme, ja hän haluaisi, että meistä tulisi *hänen arvonsa mukaisia* poikia ja tyttäriä.

Kuullessamme ensimmäisiä kertoja Isän rakkaudesta luulimme sen olevan vain tunne-elämän parantumista varten. Sitten aloimme ymmärtää, että kyse on paljon suuremmasta asiasta kuin olimme osanneet kuvitella. Hän vuodattaa rakkauttaan sydämiimme ja parantaa meidät elämämme traumoista, mutta se on vasta lähtökohta. Monet alkavat kokea Isän rakkautta ja ajattelevat: "Oi, nyt olen kokonaan parantunut, ja voin palata entisiin hommiin ja jatkaa kuten ennenkin. Mutta nyt voin tehdä sitä parantuneena." Jumalan tavoite on paljon, paljon suurempi kuin tämä. Hän haluaa, että oppisimme elämään hänen edessään heikkoudessa. Hän haluaa, että tottuisimme olemaan samalla tavoin haavoittuvaisia ja hänestä riippuvaisia kuin Jeesus. Kristityn elämän suurimpia salaisuuksia on oppia tuntemaan olonsa mukavaksi heikkoudessa eikä yrittää taistella sitä vastaan.

Usein voimme *yksin* ollessamme nöyrtyä ja olla heikkoja, jotta voisimme parantua, mutta Isä haluaa, että opimme elämään tällä tavoin. Haavoittuvaisuus tuntuu riskialttiilta. Jumala ei halua, että nöyrrymme vain yhden kerran, vaan että *elämme* siinä. Kun opimme elämään haavoittuvaisina, koko ajan riippuvaisina hänen rakkaudestaan ja samastuen yhä enemmän sanoihin: *Poika ei voi tehdä mitään itsestänsä*, silloin Jumala voi käyttää meitä. Voimme päästä Jumalassa sellaisiin korkeuksiin, joita ei voi saavuttaa muuten kuin nöyryyden kautta. Kun opimme elämään tällä tavoin, hän voi tehdä työtä kanssamme, omien poikiensa ja tyttäriensä kanssa. Olen alkanut ymmärtää tätä. Isä haluaa meidän tulevan *hänen arvonsa mukaisiksi* pojiksi ja tyttäriksi.

Puhuin tästä ensimmäisen kerran tuossa kokouksessa Saksassa, ja se oli alkuna ilmestykselle, joka on muuttanut elämäni ja koko identiteettini. Siihen aikaan olin ajatellut näin: "No, meillä on melko menestyvää palvelutoimintaa ja nautin siitä enemmän kuin mistään muusta, mitä olen elämäni aikana tehnyt. Meillä on kylliksi, niin että tulemme toimeen. Tämä toimii hyvin kohdallamme." Ajattelin: "Tätä se on! Olen kiertävä puhuja ja matkustan ympäri maailmaa puhumassa Isästä. Sitten menen kotiin, pidän lomaa ja lähden taas matkaan. Tämä toimii oikein hyvin!"

Mutta kun ymmärsin, että Jumala kutsuu meitä olemaan *hänen* arvonsa mukaisia poikia ja tyttäriä ja näkemään maailmankaikkeuden *hänen* perspektiivistään, aloin ajatella, että minun oli löydettävä elämälleni sellainen tarkoitus, joka sopii Jumalan pojalle eikä vain kiertävälle saarnaajalle. Millainen elämäni kuuluisi olla, jotta olisin *Isäni arvon mukainen* poika? Isäni kun sattuu olemaan kaikkivaltias Jumala! Silloin aloin unelmoida mielessäni siitä, että Isän rakkaus voisi mennä kaikkiin kristinuskon suuntauksiin, kaikkiin kulttuureihin, kaikkiin kansakuntiin ja kaikille ihmisille tässä maailmassa. Niin koko tarina sai alkunsa. Aloimme suunnitella kouluja, joissa ihmiset voisivat kokea Isän rakkautta niin syvällisesti kuin mahdollista, sillä kun rakkaus pääsee ihmisen sydämeen, hänen koko maailmansa muuttuu.

## MILLAINEN JUMALA ON?

Kun alat miettiä, mitä tarkoittaa, että olet Isän arvon mukainen poika tai tytär, se johtaa toiseen kysymykseen: millainen Isäni todella on? Mitkä asiat kuvaavat sitä, kuka Isä on? Näitä ominaispiirteitä meidän on tutkittava, jotta voisimme alkaa elää *hänen* lapsilleen sopivaa elämää. Mitkä ovat tärkeitä sanoja, jotka kuvaavat häntä? Luettelen muutamia tuttuja asioita, jotka tulevat ensimmäisinä mieleen. Jumala on totuus, hän on myötätuntoinen, kyllä! Pelastus, usko, toivo, ilo kuvaavat hänen luonnettaan. Ehdottomasti! Mieleen tulee lisää sanoja, kuten armo, kirkkaus, pyhyys. Voisimme myös luetella "kaikki"-alkuisia sanoja: kaikkivaltias, kaikkitietävä, kaikkialla läsnä oleva.

Miettiessäni Jumalan ominaispiirteitä mieleeni putkahti vielä yksi sana. En ollut koskaan aikaisemmin ajatellut, että se kuvaisi Jumalan luonnetta. En myöskään ollut koskaan kuullut kenenkään kristityn saarnaajan käyttävän sitä. Tuo sana oli "vapaa". Jumala on VAPAA.

Vapaus on varmaankin kaikkein kallisarvoisimpia asioita ihmiselle. Katselemme elokuvia vapaudesta, luemme kirjoja vapautusliikkeistä, kuuntelemme musiikkia, joka ilmaisee vapautta. Miksi William Wallacen hahmo elokuvassa *Braveheart — taipumaton* kiehtoo mielikuvitustamme? Se johtuu siitä, että koko olemuksemme on sellaisen miehen puolella, joka antaa henkensä oman vapautensa ja kansansa vapauden puolesta. Vapaus on varmasti yksi ihmiskunnan suurimmista kysymyksistä. Ihmiset haluavat ennen muuta olla vapaita. Vapauden vastakohta on orjuus. En voi kuvitella mitään pahempaa kuin orjuus. Mieluummin kuolisin! Orjuus on julmimpia asioita, mitä ihmiskunta koskaan on keksinyt. Jos olemme orjia, emme voi itse päättää mistään asiasta. Emme voi itse hallita tekemisiämme. Emme voi päättää, mitä syömme tai mitä puemme päällemme. Jos menemme naimisiin, voimme joutua eroon puolisostamme eliniäksemme, jos meidät myydään eri paikkoihin. Lasten orjuus on vielä pahempaa. Se on vastoin kaikkia käsityksiämme vapaudesta. Meissä on jotakin, mikä jaksaa toivoa ja uskoa johonkin parempaan.

Vapaus on Jumalan luonteen ja sydämen olennainen piirre. Hänellä on *täydellinen vapaus*. Vapautta mitataan aina rajoituksilla. Onko Jumalalla rajoituksia? Hän voi tehdä mitä vain, eikö totta? Hän voi luoda mitä tahansa. Hänen vapaudellaan ei ole mitään rajoja. Tosin on olemassa yksi asia, jota hän ei voi tehdä. Hän ei voi tehdä syntiä. Se ei sinänsä ole rajoitus, vaikka luulin niin, ennen kuin ymmärsin, mitä synti on. Ihmiset sanoivat minulle: "Synti on kauhea, hirveä asia. Älä koskaan tee sitä! Jumala vihaa sitä. Se on väärin. Se on paha asia!" Mutta nämä selitykset eivät tyydyttäneet minua lainkaan, koska jotkin synneiksi leimatut asiat eivät näyttäneet tuottavan vahinkoa kenellekään. Mikä näissä asioissa oli niin kauheaa ja väärää? On monia asioita, jotka ilmiselvästi ovat väärin, mutta oli joitakin syntejä, joissa en todellakaan nähnyt mitään väärää. On asioita, joita sallimme elämässämme, koska emme täysin ymmärrä, mikä niissä on pahaa, tai koska emme näe jossakin käyttäytymistavassa piilevää pahaa.

Synnin varsinainen ongelma on se, että *se sitoo meitä*. Synti saa otteen meistä ja *hallitsee* meitä, *ohjaa* meitä, *sitoo* meitä ja ryöstää meiltä vapauden. *Sen* vuoksi synti on paha asia. Jumala sanoi Kainille: *Synti on ovella vaanimassa. Sinua se haluaa, mutta sinun on pidettävä se kurissa.* (1. Moos: 4:7) Synti haluaa aina hallita meitä, ja kun teemme syntiä, se kietoo meidät kahleisiinsa ja vetää meitä alas. Ensisijaisena syynä siihen, ettei Jumala halua meidän tekevän syntiä, ei ole se, että synti on "pahaa", vaan se, että hän tietää sen tuhoavan sielumme. Synti vetää meidät yhä syvemmälle orjuuteen, josta ei ole muuta ulospääsyä kuin Jeesuksen veri.

Kun siis sanomme, ettei Jumala voi tehdä syntiä, se johtuu siitä, että *hän ei menetä vapauttaan*. Häntä ei mikään hallitse. Hän pysyy aina vapaana. En ollut koskaan tiennyt, että vapaus on Jumalalle todella iso asia. Aloin nähdä tämän joka kerta lukiessani Raamattua. Sellaiset kohdat kuin Roomalaiskirje 8:15, Toinen Korinttilaiskirje 6:18 ja Galatalaiskirje 4:6 puhuvat meistä Jumalan poikina ja tyttärinä, jotka pääsevät kokemaan samaa *vapautta* kuin hän.

### TÄMÄN MAAILMAN VAPAUS

Katsoessamme vapautta omasta inhimillisestä näkökulmastamme näyttää siltä, että kaikkein vapaimpia olisivat maailman rikkaimmat ihmiset. Jos omistaa paljon rahaa, voi tehdä mitä haluaa. Mitä enemmän rahaa, sitä suurempi vapaus. Joitakin vuosia sitten näyttelijä John Travolta lensi Uuteen-Seelantiin omalla suihkukoneellaan, jota hän myös itse ohjasi. Hän lähestyi Aucklandin lentokenttää, mutta juuri kun hänen piti alkaa laskeutua, hän päättikin yhtäkkiä jatkaa lentämistä Uuden-Seelannin yllä ja ihailla ensin maata ilmasta käsin. Niinpä hän lensi Pohjoissaaren yli päästä päähän, sitten Eteläsaaren yli päästä päähän, katseli vuorimaisemia ja palasi sitten takaisin Aucklandiin. Vain katselemisen vuoksi! Pelkkä näköalojen katseleminen lentokoneen ikkunasta maksoi varmaankin tuhansia dollareita. Jos on tarpeeksi rahaa, voi tehdä melkein mitä vain haluaa.

Kuvittele, että jonakin aamuna heräisit puhelimen pirinään. Vastatessasi saisit kuulla, että olet perinyt valtavan summan rahaa. Rahaa olisi niin paljon, että vaikka alkaisit tuhlata sitä täyttä vauhtia ja tekisit niin joka ikinen päivä koko loppuelämäsi ajan, et koskaan pystyisi käyttämään sitä loppuun. Voisit ostaa mitä tahansa. Ei olisi mitään rajoituksia. Jos sinulla olisi näin paljon rahaa, mitä tekisit?

Matkustaisitko maapallon ympäri? Kävisitkö tutkimassa maailman kauneimpia luonnonpuistoja? Ostaisitko oman saaren? Mitä rakentaisit saarelle? Ylellisimmän kartanon, mitä kuvitella saattaa? Menisitkö ostoksille? Tietysti menisit! Me *kaikki* menisimme ostoksille! Kuvittele, että haluaisit mennä Havaijille, mutta kaikki lennot olisivat täynnä. Silloin voisit ostaa koko lentoyhtiön! Niinpä voisit matkustaa minne tahansa ja milloin tahansa. Ehkä asuisit jonkin aikaa Monacon hienoimmassa hotellissa. Olisi jopa mahdollista ostaa koko hotelli. Mahdollisuuksia olisi miltei rajattomasti. Jos olisit tarpeeksi rikas, sinulla olisi vapautta vaikka minkä verran!

Olen aina unelmoinut Alaskan-matkasta. Lopulta minulle kertyi tarpeeksi lentokilometrejä päästäkseni sinne. Lähdin liikkeelle Fairbanksista ja pääsin peukalokyydillä Anchorageen. Tämä kesti suunnilleen yhdeksän päivää. Eräs mies vei minut lentomatkalle kaksipaikkaisella Piper Cub -koneellaan. Lensimme ympäriinsä, laskeuduimme metsäaukioille ja etsiskelimme hirviä ja harmaakarhuja. Menin kalastamaan parin muun kaverin kanssa ja seisoin vedessä nostellen lohia toinen toisensa perään. Hiekassa aivan takanani näkyi harmaakarhun jälkiä, mikä tuntui hiukan kiusalliselta!

Kun jokin unelmasi on toteutunut, sinulla on yksi unelma vähemmän. Lopulta ei ole jäljellä enää yhtäkään toteutumatonta unelmaa. Jos omistaisit niin paljon rahaa, että voisit tehdä ihan mitä haluat, voisit helposti toteuttaa kaikki unelmasi viiden vuoden aikana. Mutta vähitellen tottuisit siihen. Näkökulmasi alkaisi hitaasti muuttua, eikä elämä olisi enää jännittävää eikä hauskaa.

Useita vuosia sitten luin *Time*-lehdestä erään psykiatrin kirjoittaman artikkelin. Hänen potilaansa olivat superrikkaita. Hän sanoi näin: *Superrikkaiden epätoivo on pohjaton.* Mielenkiintoista, eikö totta? Rikkaat saattavat olla maailman vapaimpia ihmisiä, mutta heidän epätoivonsa on mittaamaton. Jos kaikki unelmat ovat jo toteutuneet, ei ole jäljellä enää mitään, minkä vuoksi elää. Minulla on unelmia, jotka eivät todennäköisesti ikinä toteudu, mutta nautin unelmoimisesta, koska unelmointi itsessään pitää meidät elossa. Jos sinulla ei ole yhtäkään unelmaa jäljellä eikä ole enää mitään, mitä vielä haluaisit tehdä, sieluusi hiipii kuolema. Unelmat ovat meille äärettömän tärkeitä. *Tämä paljastaa sen, että ihmissydämellä on kyky unelmoida sellaisesta vapaudesta, joka päihittää kirkkaasti sen, mitä maailma voi tarjota.* Tämä maailma ei voi täyttää unelmiamme eikä se voi antaa meille sitä vapautta, jota varten sydämemme on suunniteltu. Meitä ei ole luotu tämän maailman rajallista vapautta varten. Meidät on tarkoitettu samaan vapauteen, jossa Jumala itse elää.

## MINNE OLEMME MATKALLA?

Roomalaiskirjeen kahdeksas luku kuvaa asioita, joita en ollut koskaan aikaisemmin tajunnut. Siinä puhutaan lapseudesta, ja se näyttää meille suunnan, johon Jumala on meitä johtamassa. Usein näemme jonkin tietyn totuuden tuomat edut, mutta emme sitä, mihin se perustuu. Saatamme esimerkiksi ajatella, että riivaajien ajaminen ulos on Hengellä täyttymisen tarkoitus, vaikka se on pikemminkin sivutuote siinä, mihin olemme *matkalla* Jumalassa. Identiteettimme Jumalassa on paljon tärkeämpi asia kuin kyky tehdä suuria asioita hänelle.

Ensimmäisestä luvusta aina lukuun kahdeksaan asti Paavali antaa yleiskuvan Jumalan tarkoitusperistä historian kuluessa ja osoittaa meille, kuinka Jumala toimii maailmassa. Hänen kuvauksensa huipentuma on kahdeksannen luvun puolivälissä. Sen jälkeen hän lausuu upeita asioita, kuten: *Jos Jumala on meidän puolellamme, kuka voi olla meitä vastaan?* sekä *Mikä voi erottaa meidät Kristuksen rakkaudesta – – ei korkeus eikä syvyys, ei mikään luotu voi erottaa meitä Jumalan rakkaudesta, joka on tullut ilmi Kristuksessa Jeesuksessa, meidän Herrassamme.* Nämä ovat ihmeellisiä ja voimallisia sanoja.

Haluaisin kiinnittää huomiosi vielä jakeeseen 22, jossa sanotaan: *Me tiedämme, että koko luomakunta yhä huokaa ja vaikeroi synnytystuskissa.* Miehenä en tiedä paljonkaan synnytystuskista, mutta olin mukana synnytyksessä, kun nuorin poikamme Matthew syntyi. Denise ei päästänyt ääntäkään koko synnytyksen aikana eikä ottanut myöskään kipulääkkeitä. Olin todella ylpeä hänestä, mutta voin huonosti nähdessäni, kuinka tuskallista se hänelle oli. Vaikka hän ei pitänyt minkäänlaista ääntä, hän melkein rusensi kaikki käteni luut. Jotakin siis tiedän synnystystuskista! Minulle on kerrottu, että synnytys on täysin kokonaisvaltainen kokemus. On mahdotonta ajatella mitään muuta synnytyksen aikana. Juuri tätä kielikuvaa Paavali käyttää kuvatessaan Jumalan intensiivistä halua synnyttää jotakin. Koko luomakunta on synnytystuskissa yrittäessään saada jotakin synnytetyksi. Jumalalla on uskomattoman voimakas halu vapauttaa luomakuntansa syntiinlankeemuksen seurauksista.

Jumala on äärimmäisen keskittynyt siihen, mitä hän tekee elämässämme. Joskus voimme pitää uskonelämäämme vain jonkinlaisena lisäkkeenä varsinaiseen elämäämme. Olemme kovin kiireisiä kaikissa rooleissamme: "Olen arkkitehti, pankinjohtaja, poliisi, kirjanpitäjä, työpaikkani esimies, tiimin jäsen, äiti, isä, mentori, urheilija... ai niin, olen myös uskova." Mutta uskossa oleminen tarkoittaa sitä, että Jumala tekee erittäin keskittyneesti työtään meissä, jotta tulisimme sellaisiksi kuin hän on suunnitellut. Hän keskittyy työhönsä, se ei ole hänelle vain harrastus. Se on hänelle kaikki kaikessa. Hänellä on selvä päämäärä siinä, mitä hän tekee.

Mennään jakeeseen 19, jossa sanotaan: *Koko luomakunta odottaa hartaasti Jumalan lasten ilmestymistä.* Jumalan huomio on koko historian ajan kohdistunut siihen, että hän näkisi poikiensa ja tyttäriensä astuvan esiin! Uskon, että kun ihmiset pääsevät yhä syvemmälle ilmestykseen Jumalasta Isänä ja kun he kokevat hänen rakkautensa ja elävät samankaltaisessa yhteydessä häneen kuin Jeesus, saamme nähdä Jumalan poikien ja tyttärien nousevan *niin suureen auktoriteettiin, ettemme ole koskaan kokeneet sellaista.*

Se on oleva erilainen auktoriteetti. Olemme kokeneet Sanan auktoriteetin. Olemme kokeneet Hengen auktoriteetin. Olemme kokeneet palvelulahjojen auktoriteetin. Olemme kokeneet palveluvirkojen auktoriteetin. Mutta on olemassa vielä suurempi auktoriteetti: Isän auktoriteetti, joka annetaan pojille! Kun Isän auktoriteetti tulee, se on täynnä rakkautta, totuutta, voimaa, armoa, hyvyyttä, lempeyttä, viisautta ja kaikkia hänen isällisiä ominaisuuksiaan. Se on oleva sellainen auktoriteetti, jota maailma ei mitenkään pysty vastustamaan. Kun tämä auktoriteetti tulee, saamme nähdä Jumalan *poikien* ja *tyttärien* astuvan esiin jokaisessa kansakunnassa.

## POIKIEN JA TYTTÄRIEN AUKTORITEETTI

Tätä kohti kristikunta on menossa. Tämä on luomakunnan suuri päämäärä. Kun Jumalan lapset ilmestyvät Kristuksen kaltaisuudessa, saamme nähdä miesten ja naisten nousevan esiin jokaisessa kansakunnassa, ja heillä on uskomaton kyky puhua sanoja suoraan Isän sydämeltä. Se ylittää sen auktoriteetin, joka tulee Sanaan uskomisesta, ja sen auktoriteetin, joka tulee Pyhällä Hengellä täyttymisestä. Isän persoonan auktoriteetin leima on painettu heidän sydämiinsä, ja se ilmenee hänen kaltaisuutenaan. *Koko luomakunta odottaa hartaasti Jumalan lasten ilmestymistä.* Juuri tästä on kysymys!

*Hän kutsuu meitä olemaan hänen arvolleen sopivia poikia ja tyttäriä!* Hän kutsuu kantamaan Isän leimaa, merkkiä ja *auktoriteettia* yllämme. Ilmestyskirjan 11. luvun kaksi todistajaa ovat hyvä esimerkki siitä, mikä on Isän tarkoitus. Heidän saarnansa piinasivat maailman johtajia, eivätkä mitkään maailman aseet voineet tappaa heitä, ennen kuin Jumala sen salli. Maailman johtajat olivat niin helpottuneita heidän kuolemastaan, että alkoivat juhlia! Mutta

Jumala herätti heidät kuolleista koko maailman nähden ja kutsui heidät taivaaseen. Kehotan sinua lukemaan heistä nähdäksesi, millainen pojan auktoriteetti todella on.

Paavali kirjoittaa: *Koko luomakunta odottaa hartaasti Jumalan lasten ilmestymistä.* Näemme siitä kuvauksen jakeissa 20–21: *Luomakunnalla on kuitenkin toivo, että myös se pääsee kerran pois katoavaisuuden orjuudesta, Jumalan lasten vapauteen ja kirkkauteen.* Jumalan lasten huikeaan *vapauteen!* Kun katsomme, mitä merkitsee olla poika tai tytär Isälle, näemme hänen kutsuvan meitä olemaan *vapaita,* aivan niin kuin hän itse on vapaa.

Jokainen hyvä isä haluaa, että hänen lapsensa elämä olisi samantasoista kuin hänen. Meillä on Isä, jota ei voi verrata inhimilliseen isään, mutta hän on Isä, jonka asemaa jokainen isän ja lapsen suhde maan päällä kuvastaa. Toisin sanoen: identiteettimme perheenä ja ihmisinä perustuu siihen, että hän on Isämme. Olemme osa sitä perheyhteyttä, joka vallitsee kolminaisuudessa! Hän on Isä, *todellinen* Isä, ja me olemme hänen todellisia poikiaan ja tyttäriään. Hän on pannut Henkensä meihin ja kutsuu meitä tulemaan hänen rakkauteensa, kokemaan hänen isyyttään, kunnes kasvamme *hänen* arvolleen sopiviksi pojiksi ja tyttäriksi.

Joitakin vuosia sitten oli olemassa liike, jota sanottiin "Jumalan poikien ilmestymiseksi", mutta siinä ei ollut ilmestystä Isästä. On mahdotonta olla poika ilman ilmestystä Isästä. Eläessämme pojan elämää kyse ei *varsinaisesti* ole pojasta. On kyse Isästä, koska voit olla todellinen poika tai tytär vain silloin kun sinulla on suhde äitiin tai isään. Sitä poikana eläminen tarkoittaa. Kun kasvamme poikina ja tyttärinä, hän vie meidät Jumalan lasten *suurenmoiseen vapauteen.*

## Kuinka vapaa Jumala on?

Meidät on kutsuttu vapauteen, joka on paljon suurempi kuin voimme kuvitella. Antaessasi elämäsi Jeesukselle saat syntisi anteeksi ja olet vapaa. Johannes 8:36 sanoo: "Jos Poika vapauttaa teidät, te olette todella vapaita." Ajattelemme usein, että se tarkoittaa pelkästään vapautta synnistä tai uudestisyntymistä, mutta tämä vapaus ulottuu paljon, paljon pitemmälle. Tästä se vasta alkaa!

Galatalaiskirjeessä on jae, jota en koskaan oikein ymmärtänyt, ennen kuin aloin tajuta, mistä vapaudessa on kysymys. Galatalais-kirje 5:1 sanoo: *Vapauteen Kristus meidät vapautti.* Ihmettelin aina tätä jaetta, koska en täysin ymmärtänyt, mitä se tarkoitti. Miksi Paavali toistaa sanan "vapaus" kaksi kertaa? Miksi hän ei sano yksinkertaisesti: "Jumala on kutsunut meidät olemaan vapaita." Hän valitsee sanansa hyvin tietoisesti, sillä Kristus on vapauttanut meidät nimenomaan *vapautta varten.* Ajattelin aina, että synnin kahleista vapautuminen on tärkein syy siihen, miksi meidät on vapautettu. Asia ei ole niin. *Vapauteen, vapautta varten,* Kristus vapautti meidät. Miksi? Koska *vapaus on osamme,* kohtalomme. Hän vapautti meidät, koska vapaus on niin ihanaa; ei siksi, että kahleissa oleminen on niin kauheaa. Hän haluaa, että elämme hänen vapaudessaan, ja tämä vapaus on mahtava asia.

Unelmoimme tästä vapaudesta. Uskon, että unelmamme juontavat juurensa Eedenin puutarhasta, aivan Jumalan sydämestä. Sisimmässämme kuulemme kaikuja Eedenin puutarhasta. Odotuksemme siitä, miten oikeudenmukaisesti ja reilusti elämän tulisi kohdella meitä, ovat peräisin Eedenin puutarhasta. Tämän maailman vääryyksistä huolimatta *tulee* päivä, jolloin vallitsee täydellinen oikeudenmukaisuus.

Meidät on kutsuttu olemaan yhtä vapaita kuin Jeesus, yhtä vapaita kuin Isä. Mutta kuinka vapaa Jumala on? Nyt tulee hauskin kohta.

Yksi asia, josta pidän Jeesuksessa, on se, että hän oli vapaa veroista. Tarkemmin sanottuna hän kyllä maksoi veronsa, mutta hän *oli vapaa kapitalismin keinoista hankkia rahaa verojen maksua varten.* Matteuksen evankeliumin luvussa 17 Pietari meni kysymään Jeesukselta jotakin. Kerron siitä omin sanoin: "Herra, verokarhu on ovella. Maksammeko *me* veroja?" Jeesus vastasi: "Kyllä maksamme, mutta emme ole rajoittuneita maailman tapoihin." Sitten hän kehotti Pietaria menemään kalaan ja antoi neuvoksi: "Kun saat kalan, sillä on suussaan kolikko, joka riittää sekä minulle että sinulle." Minusta on kiehtovaa huomata, että Jeesus ei ottanut muita opetuslapsia mukaan tähän ihmeeseen. Vain Pietari kysyi tätä asiaa ja sai todisteen siitä vapaudesta, jossa Jeesus eli ja toimi. Jeesus oli siis vapaa tämän maailman verojärjestelmistä.

Hengen lahjat, jotka toimivat Jeesuksen elämässä, osoittivat hänen vapautensa inhimillisten käsitysten rajoituksista. Ei ollut niinkään kyse siitä, että Jeesuksella oli parantamisen palvelutehtävä, vaan siitä, että hän oli *vapaa sairauksista!* Hän oli vapaa kaikesta, mikä tuli viholliselta. Hän ei ainoastaan parantanut ihmisiä vaan antoi heille vapauden sairauksista. Hän vapautti heidät kivun ja sairauden vankilasta, koska hän itse vaelsi tässä vapaudessa.

Hän oli myös vapaa *koulutuksen asettamista rajoista.* Hän tiesi asioita, joita ei ollut opittu koulussa. Hän oli vapaa näkemään asioita Jumalan näkökulmasta. Raamattu sanoo, että *hänet Jumala on antanut meille viisaudeksi* (1. Kor. 1:30). Voimme astua Isämme viisauteen. Voimme omistaa hänen viisautensa.

Jeesus oli vapaa maallisen viisauden rajoituksista. Hän oli vapaa aistien välittämästä ja opiskelun kautta saadusta tiedosta. Hän oli vapaa "yleisesti tunnetuista" asioista, ja sen sijaan hänellä oli tietoa, joka oli maallista ymmärrystä korkeampaa. Hän käveli veden päällä — ei siksi, että hän halusi tehdä niin, vaan siksi, että hän oli vapaa painovoimasta. Pietari ei ollut aivan yhtä vapaa. Hän katsoi aaltoihin ja ajatteli: "Apua, minä vajoan!" Niin hän vajosikin, kunnes hän katsoi Jeesukseen vapautuakseen epäuskostaan. Jeesus oli vapaa tämänkaltaisesta ajattelusta. Huomaamme tämän hänen kohotessaan pilviin ja astuessaan Isänsä luo. Etkö haluaisi lentää? Miksi uneksit lentämisestä, jos on täysin mahdotonta, että koskaan voisit tehdä sitä?

## OLEMME SYNTYNEET VANKILASSA

Kuvittele mielessäsi poikaa, joka on syntynyt aivan ikkunattomassa vankilassa. Hän on kasvanut vankilassa toisten vankien kanssa eikä tiedä mitään vankilan ulkopuolisesta elämästä. Hänen näkökulmansa elämään perustuu ainoastaan vankilan järjestelmään, eikä hän tiedä mistään muusta. Ajan mittaan kaikki vankilan käytännöt tulevat hänelle tutuiksi, ja hän oppii jopa käyttämään niitä hyväkseen saavuttaakseen etuja, joita muilla vangeilla ei ole. Hän oppii manipuloimaan järjestelmää, koska hän on perillä siitä, kuinka vankila toimii ja mistä selviää seuraamuksitta ja mistä taas ei. Mutta kaikki, mitä hän tekee, tapahtuu kuitenkin vankilan *sisäpuolella*. Hän ei ole koskaan ollut merenrannalla, ei ole nähnyt vuoria eikä tiedä mitään maaseudun elämästä. Hänelle ovat tuttuja vain rautakalterit, kiviseinät ja vankilaelämä. Hän saattaa kuvitella elävänsä hyvää elämää, mutta me ymmärrämme, että hän tietää hyvin vähän elämän todellisista ihmeistä.

Itse asiassa jokainen meistä *on* syntynyt vankilaan. Sir Walter Raleigh on sanonut: "Maailma ei ole mitään muuta kuin suuri vankila." Puhumme "tästä maailmasta", tästä fyysisestä todellisuudesta, ja luulemme, että *tässä* on koko elämä. Luulemme, että tässä on kaikki, mitä voimme kokea. Jotkut meistä ovat oppineet manipuloimaan varsin taitavasti tämän maailman järjestelmiä. Ajattelemme: "Jos pystyn järjestämään oman elämäni hyvin ja saamaan aikaan paremman sopimuksen maailman järjestelmän kanssa, hieno juttu!" Elämme siinä uskossa, että tämä on parasta, mitä elämä voi tarjota, mutta se ei ole totta.

Rakas lukijani, todellisuus on se, että olemme Jumalan poikia ja tyttäriä. Mutta Aadamin ja Eevan langettua syntiin ihmiskunnan ylle tuli verho, joka peittää sen, keitä me itse asiassa olemme. *Olemme kaikkivaltiaan Jumalan poikia ja tyttäriä, ja hän kutsuu meitä siihen vapauteen, joka hänellä itsellään on.* Hän kutsuu meitä näkemään, kuka on Isämme, ja elämään *hänen* arvolleen sopivaa elämää. Kun alamme elää odottaen yliluonnollista, uskoen ja katsoen siihen, niin että näemme enemmän kuin vain sen, mitä pidämme "todellisena"; enemmän kuin sen, mikä on suoraan edessämme; enemmän kuin sen, mitä aistimme kertovat, ja alamme unelmoida siitä, keitä voimme olla hänessä, silloin alamme kurottautua kohti pojan ja tyttären elämää. Ihmeellinen totuus on, että Jumala kutsuu meitä johonkin paljon suurempaan kuin voimme käsittää. Maailma yrittää edelleen teljetä meidät suljettuun tilaan. Joskus jopa seurakunta yrittää teljetä meidät järjestelmän asettamien rajoitusten sisään. Mutta olemme kaikkivaltiaan Jumalan poikia ja tyttäriä.

## IHMEELLINEN VAPAUS

Kerron lopuksi kolme tarinaa. Ne osoittavat, kuinka tämä ihmeellinen vapaus toimii, ja näyttävät meille välähdyksen siitä, mitä voimme odottaa eläessämme Isämme arvolle sopivaa elämää hänen poikinaan ja tyttärinään. Kaksi näistä tarinoista kertoo ystävien kokemuksista, ja yksi on oma kokemukseni.

Eräs Denisen ystävä istui rukoilemassa kotonaan lähellä Torontoa. Yhtäkkiä hän tajusi kohoavansa lattialta katon läpi kohti yötaivasta. Seinät eivät voineet pidätellä Jeesustakaan. Nainen kulki ilmassa taivaan halki valtavaa vauhtia yli Atlantin valtameren ja Euroopan mantereen. Hän saattoi nähdä ne kaikki alapuolellaan. Se oli yhtä todellista kuin mikä tahansa muukin hetki hänen elämässään. Saapuessaan Venäjän kohdalle hän alkoi laskeutua, kunnes hän tuli katon läpi pieneen taloon kaukana Siperian perukoilla. Hän huomasi seisovansa keittiössä vanhan miehen takana, joka itki kyyristyneenä pöydän ääreen. Nainen pani kätensä miehen olkapäälle ja alkoi rukoilla, ja hänen rukoillessaan Herran ilo valtasi miehen sydämen.

Miehen itkiessä ilosta nainen nousi jälleen katon läpi ja lensi Etelä-Amerikkaan. Siellä hän rukoili jonkun toisen puolesta ja lensi sitten takaisin omaan kotiinsa. Hän ei ollut koskaan aikaisemmin kokenut mitään vastaavaa ja oli todella ihmeissään. Kerran hän mainitsi asiasta profeetta Bob Jonesille ja kysyi: ”Bob, mitä sinä tästä ajattelet?” Bob vastasi: ”Kuule, sinusta on tulossa oikea kristitty, ei siinä sen kummempaa!”

Eräs toinen ystävä Minneapolisissa rukoili yöllä makuuhuoneessaan ja tunsi äkkiä tuulenpuuskan kasvoillaan. Avatessaan silmänsä hän huomasi olevansa polvillaan satamalaiturilla. Hän oli ollut rukoilemassa aamuyön tunteina, mutta nyt aurinko paistoi kirkkaasti. Hämmästyneenä hän katseli ympärilleen. Yhtäkkiä hän näki kauempana laiturilla tytön, joka huusi pakokauhun vallassa. Mies juoksi hänen luokseen ja näki, että tytön ystävä oli pudonnut veteen ja oli vaikeuksissa. Kumpikaan tytöistä ei osannut uida, mutta tämä mies sattui olemaan hyvä uimari. Niinpä hän hyppäsi veteen, nosti tytön ylös laiturille ja rauhoitteli tyttöjä jonkin aikaa. Yhtäkkiä hän huomasi olevansa taas omassa huoneessaan Minneapolisissa vaatteet suolavedestä likomärkinä! Hänellä ei ollut mitään käsitystä siitä, missä hän oli ollut. Joitakin vuosia myöhemmin hän oli kristillisellä leirillä, ja äkkiä kaksi tyttöä juoksi hänen luokseen. Toinen heistä huusi: "Sinä olet se mies! Sinä olet se mies, joka pelasti minut! Siellä laiturilla, kun olin pudonnut veteen! Minne sinä oikein katosit?" Mies kysyi heiltä: "*Missä* se oli? Missä se tapahtui?" Tytöt sanoivat epäuskoisina: "Kyllähän sinä tiedät, missä se oli! Sinähän *olit* siellä!" Mies selitti, ettei hänellä ollut aavistustakaan, missä kaikki oli tapahtunut, ja kertoi heille koko tarinan. Tytöt sanoivat: "No, sehän oli Floridassa!"

Viimeinen tarina on oma kokemukseni. Joitakin vuosia sitten meillä oli perhetapaaminen Denisen äidin luona. Ilta joutui, ja kaikki alkoivat puhua siitä, mitä söisimme. Lopulta päätettiin hankkia pizzaa, ja minun tehtäväkseni tuli noutaa se. Menin pihalle ja avasin auton oven. Juuri kun olin astumassa autoon, huomasin unohtaneeni lompakkoni makuuhuoneeseen. Kun olin aikeissa lähteä hakemaan sitä, pieni hiljainen ääni sisimmässäni sanoi: "Ole huoleti." Ajattelin: "*Ole huoleti?* Eihän minulla ole rahaa mukana! Lompakossani on kyllä rahaa. Ei siitä ole mitään vaivaa, että menen hakemaan sen. Tarvitsen sitä todella!" Mutta jälleen pieni ääni sanoi: "Ole huoleti."

Niinpä suljin auton oven ja lähdin ajamaan kaupunkiin, jonne oli noin kuuden kilometrin matka. Koko ajan mielessäni pyöri: "Mitä oikein olen tekemässä?! En tunne ollenkaan pizzapaikan pitäjää. Eivät he anna minulle pizzaa, ellen maksa sitä. Minun pitäisi palata hakemaan lompakkoni!" Silti vain jatkoin ajamista. Tulin risteykseen, jossa piti kääntyä oikealle, joten pysähdyin katsomaan tietä. Ei ketään tulossa. Katsoin toiseen suuntaan: tyhjää sielläkin. Sitten huomasin, että suoraan minua kohti leijaili tuulen mukana kymmenen dollarin seteli. En ollut koskaan aikaisemmin nähnyt rahojen leijailevan maantiellä enkä ole nähnyt sen jälkeenkään. Se leijaili suoraan minua kohti, ja pieni tuulenpuuska nosti sen autoni konepellin päälle. Ajattelin: "Nyt nappaan sen!" Juuri kun avasin auton oven, se lennähti konepellin päältä alas ja pysähtyi tielle aivan viereeni. Ajamani auto oli hyvin matala, joten saatoin vain poimia sen maasta laittamatta edes jalkaani ulos autosta. Suljin auton oven ja menin hakemaan pizzaa. Se maksoi 9,95 dollaria! Minulla oli paljon rahaa kotona lompakossani, mutta oli aivan kuin Isä olisi sanonut: "Omasta mielestäsi sinä olet isä perheessäsi, mutta minä vain osoitan sinulle, että *minä* olen sinun Isäsi." Tämä oli minulle suuri ihme, vaikka kyseessä olikin vain pieni asia. Se sai minut tajuamaan, ettemme ole tästä maailmasta.

Olemme Jumalan poikia ja tyttäriä. Kun opimme elämään niin, että koemme jatkuvasti hänen rakkauttaan — joka ikinen päivä — meistä tulee vapaita. Kaikki asiat, joita pidämme ihmeellisinä, yliluonnollisina Jumalan lahjoina, ovat oikeastaan vain ilmausta siitä, keitä meidän on tarkoitus olla. Kun Jumalan pojat ja tyttäret tulevat esiin, Jumalan valtakunta tulee todelliseksi ja tämä maailma muuttuu. Kaikki, mikä on Saatanasta, heitetään ulos. Karitsan hääjuhlan päivä koittaa, ja me kaikki olemme siinä mukana. Isä tulee vierellesi ja kumartuu pyyhkimään pois kaikki tuskan kyyneleet. Sana sanoo: *Rakkaat ystävät, jo nyt me olemme Jumalan lapsia, mutta vielä ei ole käynyt ilmi, mitä meistä tulee* (1. Joh. 3:2). Hääjuhlassa istuessamme katsomme toisiimme sanoen: "Emme tienneet tästä puoliakaan!"

Elämme aikaa, jolloin morsian valmistautuu Karitsan häitä varten. Hääpäivänä meistä tulee Kristuksen morsian. Perinteisissä juutalaisissa häissä sulhanen ei tapaa morsiantaan ennen hääpäivää. Ennen sitä morsianta valmistellaan sulhasta varten. Tulee päivä, jolloin näemme Jeesuksen kasvoista kasvoihin, mutta nyt meitä valmistellaan sitä päivää varten.

Abraham (Isä) lähetti palvelijansa (Pyhä Henki) matkaan mukanaan kymmenen kamelia lastattuina kaikenlaisilla kalleuksilla, jotta Rebekka tottuisi samaan rakkauteen ja perheessä vallitsevaan ilmapiiriin, jossa Iisak (Jeesus) oli elänyt koko ikänsä. Nyt Isä Jumala lahjoittaa meille kaiken sen, mitä hän on ja mitä hän omistaa, jotta olisimme valmiita ja soveliaita hänen Poikansa morsiameksi.

### "NYT ME OLEMME JUMALAN LAPSIA."

Tunnen ensimmäistä kertaa elämässäni, että olen todella ruvennut ymmärtämään, mistä evankeliumissa todella on kysymys: se kertoo Isästä, joka on menettänyt lapsensa ja haluaa saada heidät takaisin. Koska suurimmalla osalla ihmiskuntaa on vaikeuksia rakastaa auktoriteettihahmoja (syntiinlakeemuksen seurauksena useimmat ihmiset, joilla on valtaa, ovat tuon vallan turmelemia), Isä ei tullut itse vaan lähetti Poikansa edustamaan täydellisesti itseään ja vetämään meidät takaisin luokseen.

Kuinka ihmeellinen persoona Jumala onkaan! Ja me olemme hänen poikiaan ja tyttäriään! Odotan sitä päivää, jolloin näemme poikien ja tyttärien nousevan esiin kaikista kansakunnista täysin vapaina, ilmentäen Isämme persoonaa, luonnetta ja tekoja ja vaeltaen Jeesuksen tavoin tässä rikkinäisessä maailmassa.

# LÄHTEET

Derek Prince: *Uutiskirje*, helmikuu 1998.

C. S. Lewis: *A Grief Observed*. Faber and Faber 1961.

Andrew Murray: *Abiding in Christ*. Bethany House Publishers 2003. Julkaistu alun perin vuonna 1895 nimellä *Abide in Christ*, Henry Altemus 1895.

Augustinus, teoksessa Fr. Raniero Cantalamessa: *Life in the Lordship of Christ*. Sheed and Ward 1990.

# KUTSU SINULLE

Mikäli pidit tästä kirjasta, tahdomme kutsua sinua osallistumaan Fatherheart Ministries-palvelutyön Isän sydän A-kouluviikkoon. A-koulu on viikko Isän rakkauden ilmestyksen ilmapiirissä.

A-koululla on kaksi tavoitetta:
1. Antaa mahdollisuus merkittävään henkilökohtaiseen kokemukseen rakkaudesta, joka Isällä Jumalalla on sinua kohtaan.
2. Antaa vahvin mahdollinen Raamatullinen ymmärrys Isän paikasta kristillisessä elämässä ja vaelluksessa.

A-koulun aikana saat kokonaiskuvan Isän rakkauden ilmestyksestä. A-koulun opettajien jakaessa elämäänsä, Raamatun opetusta ja ilmestystä, saat kosketuksen elämää muuttavaan sanomaan rakkaudesta, elämästä ja toivosta.

Viikon aikana saat mahdollisuuden päästä eroon esteistä Isän rakkauden vastaanottamiselle ja voit löytää sydämesi poikana tai tyttärenä. Jeesuksella oli pojan sydän Isäänsä kohtaan. Hän eli Isän rakkauden läsnäolossa. Johanneksen evankeliumi kertoo meille, että Jeesus sanoi ja teki ainoastaan, mitä näki ja kuuli Isänsä tekevän. Jeesus, esikoinen, kutsuu meitä, Hänen veljiään ja sisariaan, astumaan sisälle siihen samaan maailmaan.

Avatessamme sydämemme Isä vuodattaa sinne rakkautensa Pyhän Hengen kautta. Hänen rakkautensa muuttaa sydämemme ja tuo mahdollisuuden todelliseen ja kestävään elämän muutokseen. Vuosien pinnistelyn ja suorittamisen jälkeen monet voivat lopulta löytää tien kotiin, paikkaan, jossa on lepo ja johon saa kokea kuuluvansa.

MIKÄLI HALUAISIT OSALLISTUA A-KOULUUN SUOMESSA,
SAAT LISÄTIETOA SIVULTA:
www.fhfinland.fi

KANSAINVÄLISISTÄ A-KOULUISTA ERI PUOLILLA MAAILMAA
LÖYDÄT TIETOA ENGLANNIN KIELELLÄ SIVULTA:
www.fatherheart.net